2in1
zum Nachschlagen

Lateinische Grammatik

Schroedel

2in1 zum Nachschlagen

Lateinische Grammatik

Silke Kirchner

Druck ^{2}/Jahr 2012

Kontakt: lernhilfen@schroedel.de
Herstellung: Sandra Grünberg
Umschlaggestaltung und Layout: Janssen Kahlert Design und Kommunikation GmbH, Hannover
Illustrationen: Thies Schwarz, Hannover
Redaktion und Satz: imprint, Zusmarshausen
Druck und Bindung: pva, Druck- und Medien-Dienstleistungen GmbH, Landau

ISBN 978-3-507-**22377**-6

Inhaltsverzeichnis

So funktioniert 2in1 zum Nachschlagen

Einige Ausnahmen und Warnungen stehen auf besonderen Zetteln.
Du musst sie unbedingt beachten!

Die Überschrift sagt dir, worum es geht

- Regeln, die du lernen solltest, stehen auf gelbem Hintergrund – manchmal mit Beispielen als Erklärung.
- Die Merksätze, die hinter dem grünen Dreieck stehen, sind wichtig. Du solltest sie so oft lesen, bis du sie wirklich verstanden hast. Beispiele helfen dir dabei.
- Das orangefarben Gedruckte ist besonders wichtig oder beschreibt eine Ausnahme zur Regel. Hier ganz besonders aufpassen!

Beispiele, die zu einer Regel oder einem Merksatz gehören, findest du auf weißem Hintergrund, direkt daneben oder darunter.
Mithilfe der Beispiele kannst du besser verstehen, was eine Regel aussagt.
Das, worauf du besonders achten musst, ist **fett gedruckt**.

1 Merkmale der Substantive

Die Wortart „Substantiv“

- Substantive kann man **deklinieren**, das heißt, man kann sie im Singular und im Plural in die verschiedenen Fälle setzen.
- Es gibt im Lateinischen **sechs Fälle**. Ermitteln kann man die Fälle durch einfache W-Fragen. Die Fälle stehen auch hinter Präpositionen.

1. Fall: Nominativ	*Wer* oder *was*?
2. Fall: Genitiv	*Wessen*?
3. Fall: Dativ	*Wem*?
	seltener auch: *Für wen*? *Wofür*? *Wozu*?
4. Fall: Akkusativ	*Wen* oder *was*?
	seltener auch: *Wie lange*? *Wohin*?
5. Fall: Ablativ	*Womit* oder *wodurch*?
	seltener auch: *Wann*? *Wo*? *Woher*? *Wie?*
6. Fall: Vokativ	Dieser Fall wird gebraucht, wenn jemand direkt angesprochen wird.

Ecce, Marce! Servus matri magno cum gaudio epistulam patris tui tradit.
Guck mal, Marcus! Ein Sklave bringt deiner Mutter mit großer Freude einen Brief deines Vaters.

Nominativ:	**Wer** bringt deiner Mutter mit großer Freude einen Brief deines Vaters?
	→ ***servus*** (ein Sklave)
Genitiv:	**Wessen** Brief bringt ein Sklave deiner Mutter mit großer Freude?
	→ *epistulam* ***patris tui*** (einen Brief **deines Vaters**)
Dativ:	**Wem** bringt ein Sklave mit großer Freude einen Brief deines Vaters?
	→ ***matri*** (deiner Mutter)
Akkusativ:	**Was** bringt ein Sklave voller Freude deiner Mutter?
	→ ***epistulam*** *patris tui* (**einen Brief** deines Vaters)
Ablativ:	**Womit** bringt ein Sklave deiner Mutter einen Brief deines Vaters?
	→ ***magno cum gaudio*** (mit großer Freude)
Vokativ:	**Wer** wird angesprochen?
	→ ***Marce*** (Marcus)

Übersicht: Deklination

	Singular (Einzahl)		**Plural (Mehrzahl)**	
Nominativ:	*homo*	der Mensch	*homines*	die Menschen
Genitiv:	*hominis*	des Menschen	*hominum*	der Menschen
Dativ:	*homini*	dem Menschen	*hominibus*	den Menschen
Akkusativ:	*hominem*	den Menschen	*homines*	die Menschen
Ablativ:	*homine*	durch den Menschen	*hominibus*	durch die Menschen
Vokativ:	*homo!*	oh Mensch!	*homines!*	oh Menschen!

Steht der **Genitiv** oder der **Dativ** mit einer Form von ***esse***, handelt es sich um den Genitiv bzw. Dativ des Besitzers. *Esse* wird dann mit „haben“, „besitzen“ oder „gehören“ übersetzt.

Genitiv + *esse*

Arcus sagittaque Amoris sunt.
Amor gehören Pfeil und Bogen.

Dativ + *esse*

Tridens Neptuno est.
Neptun hat einen Dreizack.

Wichtige Fachbegriffe

- Folgende **Fachbegriffe** werden im Zusammenhang mit Substantiven häufig verwendet:
  Kasus: der Fall; **Numerus:** die Anzahl (**Singular:** Einzahl; **Plural:** Mehrzahl);
  Genus: das Geschlecht (**maskulin:** männlich; **feminin:** weiblich; **neutrum:** sächlich).

Formenbildung der Substantive

- In den Vokabeln ist jedes Substantiv im Nominativ und im Genitiv angegeben. Dahinter steht das Geschlecht mit folgenden Abkürzungen: m. = maskulin (männlich), f. = feminin (weiblich), n. = neutrum (sächlich). Siehe auch Seite 2.
- Jedes Substantiv besteht aus einem **Wortstamm** und einer **Endung**. Den Wortstamm findet man, indem man von der angegebenen Genitivform die Genitivendung wegnimmt.
- Um das Substantiv zu deklinieren, setzt man für jeden Kasus eine eigene Endung an den Wortstamm.

Vokabelangabe:

Nominativ Singular
Genitiv Singular (Wortstamm: **homin-** Genitivendung: **-is**)
***homo, hominis* m.: Mensch**
deutsche Bedeutung
maskulin

2 Die Substantive der a- und o-Deklination

a-Deklination

	Singular	Plural
Nominativ	*puell**a***	*puell**ae***
Genitiv	*puell**ae***	*puell**ārum***
Dativ	*puell**ae***	*puell**īs***
Akkusativ	*puell**am***	*puell**ās***
Ablativ	*puell**ā***	*puell**īs***
Vokativ	*puell**a***	*puell**ae***

Die Wörter der **a-Deklination** sind in der Regel feminin.
Nur einige Ausnahmen wie ***agricola*** (der Bauer) und ***poeta*** (der Dichter) haben ihr natürliches Geschlecht – also maskulin – beibehalten, manche schwanken je nachdem z. B. ***incola*** m./f. (Einwohner/in).

o-Deklination maskulin

Die meisten Wörter der **o-Deklination maskulin** enden im Nominativ Singular auf ***-us***.

	Singular	Plural
Nominativ	*serv**us***	*serv**ī***
Genitiv	*serv**ī***	*serv**ōrum***
Dativ	*serv**ō***	*serv**īs***
Akkusativ	*serv**um***	*serv**ōs***
Ablativ	*serv**ō***	*serv**īs***
Vokativ	*serv**e***	*serv**ī***

o-Deklination maskulin

Einige Wörter der **o-Deklination maskulin** enden im Nominativ Singular auf ***-(e)r***.

	Singular	Plural
Nominativ	*puer*	*puer**ī***
Genitiv	*puer**ī***	*puer**ōrum***
Dativ	*puer**ō***	*puer**īs***
Akkusativ	*puer**um***	*puer**ōs***
Ablativ	*puer**ō***	*puer**īs***
Vokativ	*puer*	*puer**ī***

o-Deklination neutrum

	Singular	Plural
Nominativ	*templ**um***	*templ**a***
Genitiv	*templ**ī***	*templ**ōrum***
Dativ	*templ**ō***	*templ**īs***
Akkusativ	*templ**um***	*templ**a***
Ablativ	*templ**ō***	*templ**īs***
Vokativ	*templ**um***	*templ**a***

Neutrumregel

Für die Neutrumformen aller Deklinationen gilt: Der Akkusativ hat die gleiche Endung wie der Nominativ!

1. Natürliches Geschlecht

Lateinische Begriffe haben zu einem großen Teil ihr natürliches Geschlecht. Das heißt, wenn sie männliche Personen bezeichnen, sind sie männlich; wenn sie weibliche Personen bezeichnen, sind sie weiblich. So ist zum Beispiel *dominus, -i* (der Herr) maskulin und *domina, -ae* (die Herrin) feminin. Die meisten Flüsse gelten als männlich, da sie nach ihren Flussgöttern benannt werden. Bäume gelten als weiblich, da sie als die „Mütter des Obsts" angesehen werden. *Mancipium, -i* (der Sklave) ist sächlich, da der Sklave nur als Sache, nicht als Mitmensch betrachtet wurde.

Sei gegrüßt, Lucius!

Vokativregel

Der Vokativ hat in allen Deklinationen die gleiche Form wie der Nominativ.
Ausnahme:

- Die Wörter der o-Deklination, die auf ***-us*** enden, haben die Vokativendung ***-e***.
  *Marc**us*** → *Marc**e***
- Die Wörter, die auf ***-ius*** enden, haben die Vokativendung ***-i***.
  *Luc**ius*** → *Luc**i***

2. Grammatisches Geschlecht

Kollektivbegriffe, also Begriffe, die eine Gruppe von Menschen bezeichnen, haben ein grammatisches Geschlecht, das heißt, man muss es auswendig lernen und kann es nicht aus den bezeichneten Personen erschließen; (*legio, legionis* (die Legion) ist feminin, obwohl ihr stets nur Männer angehörten). Auch Tiere haben ein grammatisches Geschlecht, so ist *ulula, -ae* (das Käuzchen) feminin, *passer, -eris* (der Spatz) hingegen männlich.

3 Die Substantive der ē-, u- und 3. Deklination

ē-Deklination

	Singular	Plural
Nominativ	***rēs***	***rēs***
Genitiv	***reī***	*r**ērum***
Dativ	***reī***	*r**ēbus***
Akkusativ	***rem***	***rēs***
Ablativ	***rē***	*r**ēbus***
Vokativ	***rēs***	***rēs***

Die Wörter der **e-Deklination** sind in der Regel feminin.
Nur die Ausnahmen ***dies*** (in der Bedeutung: der Tag) und ***meridies*** (der Mittag) sind maskulin.
Merkspruch: *Dies* und ***meridies*** sind die Männlichen auf *-es*.

u-Deklination maskulin

Die meisten Wörter der **u-Deklination** sind maskulin.
Die Ausnahmen *domus* (das Haus) und *manus* (die Hand) sind allerdings feminin.

	Singular	Plural
Nominativ	*cas**us***	*cas**ūs***
Genitiv	*cas**ūs***	*cas**uum***
Dativ	*cas**uī***	*cas**ibus***
Akkusativ	*cas**um***	*cas**ūs***
Ablativ	*cas**ū***	*cas**ibus***
Vokativ	*cas**us***	*cas**ūs***

u-Deklination neutrum

Einige Wörter der **u-Deklination** sind neutrum.

	Singular	Plural
Nominativ	*corn**ū***	*corn**ua***
Genitiv	*corn**ūs***	*corn**uum***
Dativ	*corn**ū***	*corn**ibus***
Akkusativ	*corn**ū***	*corn**ua***
Ablativ	*corn**ū***	*corn**ibus***
Vokativ	*corn**ū***	*corn**ua***

Sonderformen von domus

Abl. Sg.: *dom**ō***
Gen. Pl.: *dom**ōrum**/dom**uum***
Akk. Pl.: *dom**ōs**/dom**ūs***
außerdem: *domī* (zu Hause),
domō (von Hause) *domum* (nach Hause)

3. Deklination maskulin/feminin

	Singular	Plural
Nominativ	*miles*	*milit**ēs***
Genitiv	*milit**is***	*milit**um***
Dativ	*milit**ī***	*milit**ibus***
Akkusativ	*milit**em***	*milit**ēs***
Ablativ	*milit**e***	*milit**ibus***
Vokativ	*miles*	*milit**ēs***

3. Deklination neutrum

	Singular	Plural
Nominativ	*genus*	*gener**a***
Genitiv	*gener**is***	*gener**um***
Dativ	*gener**ī***	*gener**ibus***
Akkusativ	*genus*	*gener**a***
Ablativ	*gener**e***	*gener**ibus***
Vokativ	*genus*	*gener**a***

Die i-Stämme:

In einigen Wörtern der 3. Deklination kommt verstärkt ein ***i*** vor. Dies ist in den Vokabeln in der Regel gesondert angegeben.

turris (Turm) Akk. Sg.: *turr**im***
Abl. Sg.: *turr**ī***
Gen. Pl.: *turr**ium***
Akk. Pl.: *turr**īs**/turres*

Die AREAL-Wörter:

Die Neutrumwörter, die auf **-ar**, **-e** oder **-al** enden, bilden folgende Sonderformen:

mare (das Meer) Abl. Sg.: *mar**ī***
Nom./Akk. Pl.: *mar**ia***
Gen. Pl.: *mar**ium***

4 Merkmale der Adjektive

Formenbildung der Adjektive

- Adjektive lassen sich wie Substantive deklinieren, das heißt in die verschiedenen Fälle setzen. Sie bestehen aus einem Wortstamm und einer Kasusendung. Anhand der Vokabelangaben kann man den Wortstamm und die Deklinationsklasse des Adjektivs erkennen.
- **Bei den Adjektiven der 3. Deklination unterscheidet man nach der Anzahl der verschiedenen Nominative:**
  a) dreiendige Adjektive
  Hat das Adjektiv im Nominativ Singular für maskulin, feminin und neutrum verschiedene Formen, so sind in den Vokabeln alle drei angegeben.
  b) zweiendige Adjektive
  Stehen nur zwei Nominativformen in der Vokabelangabe, so bedeutet dies, dass der Nominativ Singular maskulin und feminin gleich lautet, die zweite Form ist der Nominativ Singular neutrum.
  c) einendige Adjektive
  Steht hinter der Nominativform eine Genitivform, zeigt dies an, dass der Nominativ Singular für alle drei Geschlechter gleich lautet.
- Adjektive der o-/a-Deklination sind immer dreiendig.

a) **dreiendig: *celeber, celebris, celebre***
Nom. Sg. m. – Nom. Sg. f. – Nom. Sg. n.
Wortstamm: ***celebr …***

b) **zweiendig: *illustris, -e***
Nom. Sg. m./f. – Nom. Sg. n.: ***illustre***
Wortstamm: ***illustr …***

c) **einendig: *constans, -ntis***
Nom. Sg. m./f./n. – Gen. Sg. m. /f. /n.: ***constantis***
Wortstamm: ***constant …***

Adjektive als Attribute

- Adjektive werden meist als Attribute verwendet, das heißt, sie beschreiben ein Substantiv näher. Sie stehen dann im selben **K**asus, **N**umerus und **G**enus wie das Substantiv, das sie beschreiben. Dies nennt man **KNG-Kongruenz**.

Vulpes et corvus **(Der Fuchs und der Rabe) – nach Phaedrus**
*Corv**us** stult**us** cels**a** arbor**e** residens caseum comedere voluit.*
Ein **törichter Rabe**, der auf einem **hohen Baum** saß, wollte einen Käse essen.
(Ein listiger Fuchs überredete den Raben, ihm ein Lied vorzusingen, damit er den Käse verlor.)
*Et av**is** impruden**s**, dum voc**em** pulchr**am** ostendere vult, emisit case**um** delicat**um**.*
Und der **dumme Vogel** verlor den **leckeren Käse**, als er seine **schöne Stimme** vorzeigen wollte.

Adjektive als Prädikatsnomen

- Wenn ein Adjektiv bei einer Form von *esse* steht, dann ist es ein Prädikatsnomen. Es richtet sich in **K**asus, **N**umerus und **G**enus nach dem Subjekt des Satzes.

Corvus stultus est. – Der Rabe ist dumm.
Caseus delicatus est. – Der Käse ist lecker.
Vulpes dolosa est. – Der Fuchs ist listig.

*Dolos**a** su**m**!*
Ich bin listig!

Achtung: Manchmal ist das Subjekt auch in der Personalendung des Prädikats versteckt.

Substantivierte Adjektive

- Wie im Deutschen können Adjektive auch substantiviert – also wie ein Substantiv gebraucht – - werden.
- Da es das substantivierte Adjektiv im Neutrum Plural im Deutschen nicht gibt, kann hier beim Übersetzen der Singular verwendet werden.

Lateinische Sprichwörter
- *Varium et mutabile semper femina* [est]. (… behauptet der Autor Vergil)
  Etwas immerfort Schillerndes und Unberechenbares ist die Frau.
- *Rara sunt cara.* (Plural)
  Seltenes ist wertvoll. (Singular)

5 Die Adjektive der a-/o- und 3. Deklination

a-/o-Deklination

Singular	maskulin	feminin	neutrum
Nominativ	*magn**us***	*magn**a***	*magn**um***
Genitiv	*magn**ī***	*magn**ae***	*magn**ī***
Dativ	*magn**ō***	*magn**ae***	*magn**ō***
Akkusativ	*magn**um***	*magn**am***	*magn**um***
Ablativ	*magn**ō***	*magn**ā***	*magn**ō***
Plural			
Nominativ	*magn**ī***	*magn**ae***	*magn**a***
Genitiv	*magn**ōrum***	*magn**ārum***	*magn**ōrum***
Dativ	*magn**īs***	*magn**īs***	*magn**īs***
Akkusativ	*magn**ōs***	*magn**ās***	*magn**a***
Ablativ	*magn**īs***	*magn**īs***	*magn**īs***

3. Deklination (dreiendig)

Singular	maskulin	feminin	neutrum
Nominativ	*celeber*	*celebr**is***	*celebr**e***
Genitiv	*celebr**is***	*celebr**is***	*celebr**is***
Dativ	*celebr**ī***	*celebr**ī***	*celebr**ī***
Akkusativ	*celebr**em***	*celebr**em***	*celebr**e***
Ablativ	*celebr**ī***	*celebr**ī***	*celebr**ī***
Plural			
Nominativ	*celebr**ēs***	*celebr**ēs***	*celebr**ia***
Genitiv	*celebr**ium***	*celebr**ium***	*celebr**ium***
Dativ	*celebr**ibus***	*celebr**ibus***	*celebr**ibus***
Akkusativ	*celebr**ēs***	*celebr**ēs***	*celebr**ia***
Ablativ	*celebr**ibus***	*celebr**ibus***	*celebr**ibus***

3. Deklination (zweiendig)

Singular	maskulin/feminin	neutrum
Nominativ	*illustr**is***	*illustr**e***
Genitiv	*illustr**is***	*illustr**is***
Dativ	*illustr**ī***	*illustr**ī***
Akkusativ	*illustr**em***	*illustr**e***
Ablativ	*illustr**ī***	*illustr**ī***
Plural		
Nominativ	*illustr**ēs***	*illustr**ia***
Genitiv	*illustr**ium***	*illustr**ium***
Dativ	*illustr**ibus***	*illustr**ibus***
Akkusativ	*illustr**ēs***	*illustr**ia***
Ablativ	*illustr**ibus***	*illustr**ibus***

3. Deklination (einendig)

Singular	maskulin u. feminin/neutrum
Nominativ	*constan**s***
Genitiv	*constant**is***
Dativ	*constant**ī***
Akkusativ	*constant**em**/constan**s***
Ablativ	*constant**ī***
Plural	
Nominativ	*constant**ēs**/constant**ia***
Genitiv	*constant**ium***
Dativ	*constant**ibus***
Akkusativ	*constant**ēs**/constant**ia***
Ablativ	*constant**ibus***

Adjektive der a-/o-Deklination auf *–(e)r*

Wie bei den Substantiven gibt es auch Adjektive der *a-/o*-Deklination, die auf ***-(e)r*** enden.
Bei ihnen werden die Endungen hinten an das ***-(e)r*** angehängt.
*mis**er**, mis**era**, mis**erum***

Einige Adjektive legen beim Deklinieren das ***-e*** ab. Dies kann man an der Vokabelangabe erkennen:
*pulch**er**, pulch**ra**, pulch**rum***

Gesperrte Wortstellung

Es ist besonders wichtig, die Endungen der Adjektive gründlich zu lernen, da es im Lateinischen als besonders schick galt, zwischen das Adjektiv und sein Bezugswort weitere Wörter einzuschieben. Daher ist es beim Übersetzen häufig schwierig zu erkennen, welche Wörter zusammengehören. Diese Wortstellung nennt man gesperrte Wortstellung.

*In nov**a** fert animus mutat**as** dicere form**as** corpor**a**. (Ovid)*

Mein Geist treibt mich, in eine neue Gestalt verwandelte Wesen zu besingen.

Einige Adjektive der 3. Deklination wie z. B. ***vetus, veteris*** (alt), ***divis, divitis*** (reich) *und* ***pauper, pauperis*** (arm) bilden ihre Formen wie die Substantive der 3. Deklination.

Singular	Plural
pauper	*pauperēs/pauper**a***
pauperis	*pauper**um***
pauperī	*pauperibus*
pauperem/pauper	*pauperēs/pauper**a***
*pauper**e***	*pauperibus*

6 Die Steigerung der Adjektive

Die Steigerungsstufen

- Die Steigerungsstufen des Adjektivs heißen **Positiv** (Grundstufe), **Komparativ** (Steigerungs- oder Vergleichsstufe) und **Superlativ/Elativ** (Höchststufe, Superlativ: „der höchste"; Elativ: „sehr hoch").

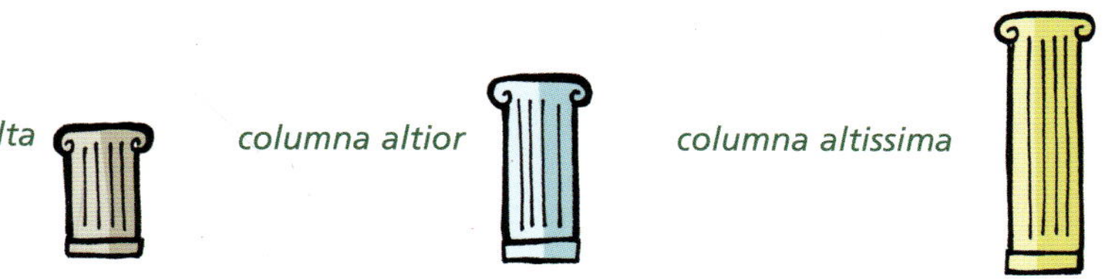

Die Bildung der Steigerungsformen

- **Komparativ:**
  Wortstamm + ***ior*** m./f., + ***ius*** n.
  Der Komparativ wird wie ein Substantiv der 3. Deklination dekliniert.

- **Superlativ:**
  Wortstamm + ***issimus*** m., + ***issima*** f., ***issimum*** n.
  Der Superlativ wird mit den Formen der ***a-/o***-Deklination dekliniert.

- Ausnahmen:
  Adjektive auf ***-er*** bilden den Superlativ mit ***-rimus*** (*miser* → *miserrimus*)
  Adjektive auf ***-lis*** bilden den Superlativ mit ***-limus*** (*difficilis* → *difficillimus*)

Steigerung von ***altus*** (hoch, tief)

	Komparativ			Superlativ		
Sg.	m./f.	n.	**Sg.**	m.	f.	n.
Nom.	*altior*	*altius*	Nom.	*altissim**us***	*altissim**a***	*altissim**um***
Gen.	*altior**is***	*altior**is***	Gen.	*altissim**ī***	*altissim**ae***	*altissim**ī***
Dat.	*altior**ī***	*altior**ī***	Dat.	*altissim**ō***	*altissim**ae***	*altissim**ō***
Akk.	*altior**em***	*altius*	Akk.	*altissim**um***	*altissim**am***	*altissim**um***
Abl.	*altior**e***	*altior**e***	Abl.	*altissim**ō***	*altissim**ā***	*altissim**ō***
Pl.	m./f.	n.	**Pl.**	m.	f.	n.
Nom.	*altior**ēs***	*altior**a***	Nom.	*altissim**ī***	*altissim**ae***	*altissim**a***
Gen.	*altior**um***	*altior**um***	Gen.	*altissim**ōrum***	*altissim**ārum***	*altissim**ōrum***
Dat.	*altior**ibus***	*altior**ibus***	Dat.	*altissim**īs***	*altissim**īs***	*altissim**īs***
Akk.	*altior**ēs***	*altior**a***	Akk.	*altissim**ōs***	*altissim**ās***	*altissim**a***
Abl.	*altior**ibus***	*altior**ibus***	Abl.	*altissim**īs***	*altissim**īs***	*altissim**īs***

Die Vergleiche

Im Deutschen werden Vergleichssätze mit dem **Komparativ + als** gebildet:
Der Circus Maximus ist größer als der Tempel der Vesta.

Im Lateinischen gibt es zwei Möglichkeiten einen solchen Vergleichssatz zu bilden:

- **Komparativ + *quam* (als)**
  *Circus Maximus maior **quam templum** Vestae est.*
- **Komparativ + Vergleichswort im Ablativ**
  *Circus Maximus maior **templo** Vestae est.*

Die Steigerung unregelmäßiger Adjektive

	Positiv	**Komparativ**	**Superlativ**
gut	*bonus, -a, -um*	*melior, melius*	*optimus, -a, -um*
schlecht	*malus, -a, -um*	*peior, peius*	*pessimus, -a, -um*
groß	*magnus, -a, -um*	*maior, maius*	*maximus, -a, -um*
klein	*parvus, -a, -um*	*minor, minus*	*minimus, -a, -um*
viel	*multum*	*plus*	*plurimum*
viele	*multi, -ae, -a*	*plures, plura*	*plurimi, -ae, -a*

7 Merkmale der Verben

Die Wortart Verb

- Verben lassen sich **konjugieren**, das heißt, man kann
  - sie in die verschiedenen Personen setzen (ich sehe, du siehst, er/sie/es sieht …),
  - sechs verschiedene Zeiten *(tempora)* bilden,
    (Präsensstamm: Präsens, Imperfekt, Futur I;
    Perfektstamm: Perfekt, Plusquamperfekt, Futur II),
  - Aktiv und Passiv bilden,
  - Indikativ (Aussageform) und Konjunktiv (Wunsch-/Vorstellungsform) und Imperativ (Befehlsform) bilden.

Folgende **Fachbegriffe** werden im Zusammenhang mit Verben häufig verwendet:

tempus (Plural: ***tempora***): Zeitform

genus verbi: Aktiv (Tätigkeitsform), Passiv (Leideform)

modus: Indikativ (Aussageform), Konjunktiv (Wunsch-/Vorstellungsform), Imperativ (Befehlsform)

Formenbildung der Verben

- Ein Verb bildet seine Formen, indem an den **Wortstamm** die **Personalendung** angehängt wird. Zwischen dem Wortstamm und der Personalendung können die **Tempus- und Moduszeichen** stehen.

- In den Vokabelangaben sind bis zu vier Verbformen angegeben:
  - Infinitiv,
  - 1. Person Singular Präsens Indikativ Aktiv,

    } Die Vokale zwischen dem Wortstamm und der Infinitiv- bzw. der Personalendung zeigen die Konjugationsklasse an.
  - 1. Person Singular Perfekt Indikativ Aktiv (bei unregelmäßigen Verben),
  - Partizip Perfekt Passiv (bei unregelmäßigen Verben).

Infinitiv
Wortstamm: *ag-*

1. Person Singular
Präsens Indikativ
Aktiv

1. Person Singular
Perfekt Indikativ Aktiv
Perfektstamm: *eg-*

Vokabelangabe: ***agere, ago, egi, actum*: handeln, tun**

kurzes
e vor der Infinitiv-
endung + fehlender Vokal
vor der Personalendung
→ konsonantische
Konjugation

Partizip Perfekt
Passiv (PPP)
Stamm: ***act-***

Verben als Prädikate

- Jeder vollständige lateinische Satz verfügt über eine konjugierte Verbform. Diese heißt **Prädikat** und zeigt an,
  - welche Objekte in dem Satz enthalten sein können.
  - in welchem Numerus das Subjekt steht.
    - Personalendungen im Singular erfordern ein Subjekt im Singular:
      *Homines monstr**um** capi**t**.*
      Das Ungeheuer fängt die Menschen.
    - Personalendungen im Plural erfordern ein Subjekt im Plural:
      *Homin**es** monstrum capi**unt**.*
      Die Menschen fangen das Ungeheuer.
  - Das Prädikat zeigt zudem an, ob ein *AcI* im Satz vorkommen kann (siehe Seite 27).

Die Prädikate bestimmen die Objekte:

dormire → kein Objekt:
Monstrum dormit.
Das Ungeheuer schläft.

excitare → **Akkusativobjekt**:
*Subito clamor **monstrum** excitat.*
Plötzlich weckt Lärm **das Ungeheuer**.

parare → **Dativ**- und **Akkusativobjekt**:
*Homines **monstro** **insidias** paraverant.*
Die Menschen hatten **dem Ungeheuer** **eine Falle** gestellt.

8 Präsens, Imperfekt und Futur I im Aktiv

		ā-Konjugation	ē-Konjugation	konsonantische Konjugation	gemischte Konjugation	ī-Konjugation	Lerntipps
Präsens Indikativ	Infinitiv	laudāre	delēre	petere	capere	audīre	Die ersten drei Personalendungen ergeben hintereinander gelesen die Himmelsrichtung OST. 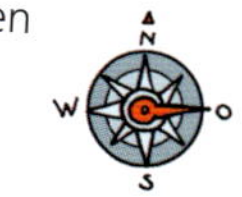
	1. P. Sg.	laudo	deleo	peto	capio	audio	
	2. P. Sg.	laudas	deles	petis	capis	audis	
	3. P. Sg.	laudat	delet	petit	capit	audit	
	1. P. Pl.	laudamus	delemus	petimus	capimus	audimus	
	2. P. Pl.	laudatis	deletis	petitis	capitis	auditis	
	3. P. Pl.	laudant	delent	petunt	capiunt	audiunt	
	Imp. Sg.	lauda!	dele!	pete!	cape!	audi!	
	Imp. Pl.	laudate!	delete!	petite!	capite!	audite!	
	Partizip (PPA)	laudans, laudantis	delens, delentis	petens, petentis	capiens, capientis	audiens, audientis	
Präsens Konjunktiv	1. P. Sg.	laudem	deleam	petam	capiam	audiam	Das Kennzeichen für den Konjunktiv Präsens ist ein a zwischen Wortstamm und Personalendung. Nur die Formen der a-Konjugation enthalten bereits ein a, ihre Konjunktiv Präsens Formen erkennt man an dem e.
	2. P. Sg.	laudes	deleas	petas	capias	audias	
	3. P. Sg.	laudet	deleat	petat	capiat	audiat	
	1. P. Pl.	laudemus	deleamus	petamus	capiamus	audiamus	
	2. P. Pl.	laudetis	deleatis	petatis	capiatis	audiatis	
	3. P. Pl.	laudent	deleant	petant	capiant	audiant	
Imperfekt Indikativ	1. P. Sg.	laudabam	delebam	petebam	capiebam	audiebam	
	2. P. Sg.	laudabas	delebas	petebas	capiebas	audiebas	
	3. P. Sg.	laudabat	delebat	petebat	capiebat	audiebat	
	1. P. Pl.	laudabamus	delebamus	petebamus	capiebamus	audiebamus	
	2. P. Pl.	laudabatis	delebatis	petebatis	capiebatis	audiebatis	
	3. P. Pl.	laudabant	delebant	petebant	capiebant	audiebant	
Imperfekt Konjunktiv	1. P. Sg.	laudarem	delerem	peterem	caperem	audirem	Die Formen des Konjunktiv Imperfekt sehen aus wie der Infinitiv + Personalendung.
	2. P. Sg.	laudares	deleres	peteres	caperes	audires	
	3. P. Sg.	laudaret	deleret	peteret	caperet	audiret	
	1. P. Pl.	laudaremus	deleremus	peteremus	caperemus	audiremus	
	2. P. Pl.	laudaretis	deleretis	peteretis	caperetis	audiretis	
	3. P. Pl.	laudarent	delerent	peterent	caperent	audirent	
Futur I	Infinitiv	laudaturus, -a, -um esse	deleturus, -a, -um esse	petiturus, -a, -um esse	capturus, -a, -um esse	auditurus, -a, -um esse	Nach den verschiedenen Futurkennzeichen unterscheidet man das „bo-bi-bu-Futur" und das „Kamel-Futur".
	1. P. Sg.	laudabo	delebo	petam	capiam	audiam	
	2. P. Sg.	laudabis	delebis	petes	capies	audies	
	3. P. Sg.	laudabit	delebit	petet	capiet	audiet	
	1. P. Pl.	laudabimus	delebimus	petemus	capiemus	audiemus	
	2. P. Pl.	laudabitis	delebitis	petetis	capietis	audietis	
	3. P. Pl.	laudabunt	delebunt	petent	capient	audient	
	Partizip (PFA)	laudaturus, -a, -um	deleturus, -a, -um	petiturus, -a, -um	capturus, -a, -um	auditurus, -a, -um	

9 Präsens, Imperfekt und Futur I im Passiv

- Das Passiv eines Verbs drückt aus, dass etwas mit jemandem getan wird/etwas mit jemandem geschieht. Beispiel – Aktiv: *capit* (er fängt); Passiv: *capitur* (er wird gefangen).
- Der Fachbegriff **Passiv** wird vom lateinischen Verb ***pati, patior, passus sum*** (erleiden, erdulden) abgeleitet. Auch im Deutschen nennen wir jemanden, der nichts tut, passiv.

		ā-Konjugation	ē-Konjugation	konsonantische Konjugation	gemischte Konjugation	ī-Konjugation
Präsens Indikativ	Infinitiv	*lauda**ri***	*delē**ri***	*pet**i***	*cap**i***	*audī**ri***
	1. P. Sg.	*laud**or***	*dele**or***	*pet**or***	*capi**or***	*audi**or***
	2. P. Sg.	*lauda**ris***	*dele**ris***	*pet**eris***	*cap**eris***	*audi**ris***
	3. P. Sg.	*lauda**tur***	*dele**tur***	*pet**itur***	*cap**itur***	*audi**tur***
	1. P. Pl.	*lauda**mur***	*dele**mur***	*pet**imur***	*cap**imur***	*audi**mur***
	2. P. Pl.	*lauda**mini***	*dele**mini***	*pet**imini***	*cap**imini***	*audi**mini***
	3. P. Pl.	*lauda**ntur***	*dele**ntur***	*pet**untur***	*capi**untur***	*audi**untur***
	Imp. Sg.	*lauda**re!***	*dele**re!***	*pet**ere!***	*cap**ere!***	*audi**re!***
	Imp. Pl.	*lauda**mini!***	*dele**mini!***	*pet**imini!***	*cap**imini!***	*audi**mini!***
Präsens Konjunktiv	1. P. Sg.	*laud**er***	*dele**ar***	*pet**ar***	*capi**ar***	*audi**ar***
	2. P. Sg.	*laud**eris***	*dele**aris***	*pet**aris***	*capi**aris***	*audi**aris***
	3. P. Sg.	*laud**etur***	*dele**atur***	*pet**atur***	*capi**atur***	*audi**atur***
	1. P. Pl.	*laud**emur***	*dele**amur***	*pet**amur***	*capi**amur***	*audi**amur***
	2. P. Pl.	*laud**emini***	*dele**amini***	*pet**amini***	*capi**amini***	*audi**amini***
	3. P. Pl.	*laud**entur***	*dele**antur***	*pet**antur***	*capi**antur***	*audi**antur***
Imperfekt Indikativ	1. P. Sg.	*lauda**bar***	*dele**bar***	*pet**ebar***	*capi**ebar***	*audi**ebar***
	2. P. Sg.	*lauda**baris***	*dele**baris***	*pet**ebaris***	*capi**ebaris***	*audi**ebaris***
	3. P. Sg.	*lauda**batur***	*dele**batur***	*pet**ebatur***	*capi**ebatut***	*audi**ebatur***
	1. P. Pl.	*lauda**bamur***	*dele**bamur***	*pet**ebamur***	*capi**ebamur***	*audi**ebamur***
	2. P. Pl.	*lauda**bamini***	*dele**bamini***	*pet**ebamini***	*capi**ebamini***	*audi**ebamini***
	3. P. Pl.	*lauda**bantur***	*dele**bantur***	*pet**ebantur***	*capi**ebantur***	*audi**ebantur***
Imperfekt Konjunktiv	1. P. Sg.	*lauda**rer***	*dele**rer***	*pet**erer***	*cap**erer***	*audi**rer***
	2. P. Sg.	*lauda**reris***	*dele**reris***	*pet**ereris***	*cap**ereris***	*audi**reris***
	3. P. Sg.	*lauda**retur***	*dele**retur***	*pet**eretur***	*cap**eretur***	*audi**retur***
	1. P. Pl.	*lauda**remur***	*dele**remur***	*pet**eremur***	*cap**eremur***	*audi**remur***
	2. P. Pl.	*lauda**remini***	*dele**remini***	*pet**eremini***	*cap**eremini***	*audi**remini***
	3. P. Pl.	*lauda**rentur***	*dele**rentur***	*pet**erentur***	*cap**erentur***	*audi**rentur***
Futur I	Infinitiv	*lauda**tum iri***	*dele**tum iri***	*peti**tum iri***	*cap**tum iri***	*audi**tum iri***
	1. P. Sg.	*lauda**bor***	*dele**bor***	*pet**ar***	*capi**ar***	*audi**ar***
	2. P. Sg.	*lauda**beris***	*dele**beris***	*pet**eris***	*capi**eris***	*audi**eris***
	3. P. Sg.	*lauda**bitur***	*dele**bitur***	*pet**etur***	*capi**etur***	*audi**etur***
	1. P. Pl.	*lauda**bimur***	*dele**bimur***	*pet**emur***	*capi**emur***	*audi**emur***
	2. P. Pl.	*lauda**bimini***	*dele**bimini***	*pet**emini***	*capi**emini***	*audi**emini***
	3. P. Pl.	*lauda**buntur***	*dele**buntur***	*pet**entur***	*capi**entur***	*audi**entur***

Capitur. Er wird gefangen.

10 Perfekt, Plusquamperfekt und Futur II im Aktiv

Der Perfektstamm

- Der Perfektstamm besteht aus dem **Wortstamm eines Verbes + Perfektkennzeichen**. Welches Perfektkennzeichen ein Verb hat, kann man an den Stammformen erkennen. Folgende Perfektkennzeichen sind möglich:

Perfektkennzeichen	Stammformen eines Beispielverbs
-v-	*laudare, laudo, lauda**v**i, laudatus*
-u-	*monere, moneo, mon**u**i, monitum*
-s- ***c/g*** **+ *s*** wird zu ***x***	*manere, maneo, man**s**i, mansurus,* *dicere, dico, di**x**i, dictum*
Vokaldehnung	*venire, venio, v**ē**ni, ventum*
Vokaldehnung + Vokalveränderung	*capere, capio, c**ē**pi, captum*
Reduplikation (Verdopplung)	*tradere, trado, tra**di**di, traditum*

Lerntipp
Die meisten Verben der *a*- und *i*-Konjugation bilden ihr Perfekt mit ***-v-***.
Die meisten Verben der *e*-Konjugation bilden ihr Perfekt mit ***-u-***.

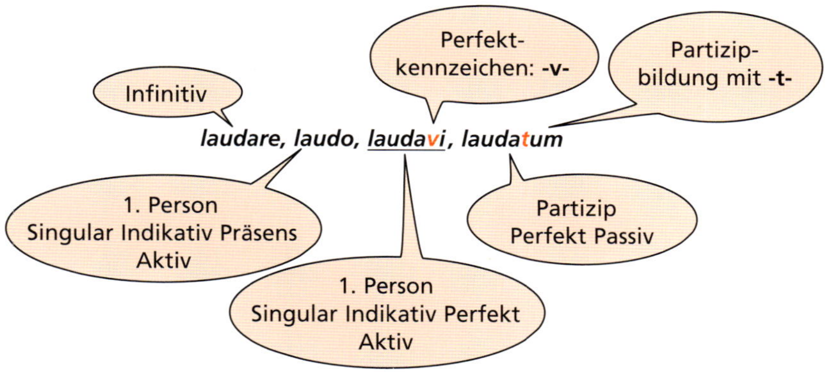

Die Tempora mit Perfektstamm:

- **Perfekt:**
  *Piscem **cepi**.* – Ich habe einen Fisch gefangen.
- **Plusquamperfekt:**
  *Piscem **ceperam**.* – Ich hatte einen Fisch gefangen.
- **Futur II:**
  *Piscem **cepero**.* – Ich werde einen Fisch gefangen haben.

Die Formenbildung

- **Perfekt**
  Der **Indikativ** wird gebildet aus dem **Perfektstamm + Perfektpersonalendungen** (*-i, -isti, -it, -imus, -istis, -erunt*).
  Der **Konjunktiv** wird gebildet aus dem **Perfektstamm + *eri* + Personalendung**.

- **Plusquamperfekt**
  Der **Indikativ** wird gebildet aus dem **Perfektstamm + *era* + Personalendung**.
  Der **Konjunktiv** wird gebildet aus dem **Perfektstamm + *isse* + Personalendung**.
  Er sieht also aus wie der Infinitiv Perfekt + Personalendung.

- **Futur II**
  Das **Futur II** wird in der 1. Person aus dem **Perfektstamm + *ero***, ansonsten aus dem **Perfektstamm + *eri* + Personalendung** gebildet.

	Perfekt		Plusquamperfekt		Futur II
	Indikativ	Konjunktiv	Indikativ	Konjunktiv	
Infinitiv	*dixisse*				
1. P. Sg.	*dixi*	*dixerim*	*dixeram*	*dixissem*	*dixero*
2. P. Sg.	*dixisti*	*dixeris*	*dixeras*	*dixisses*	*dixeris*
3. P. Sg.	*dixit*	*dixerit*	*dixerat*	*dixisset*	*dixerit*
1. P. Pl.	*diximus*	*dixerimus*	*dixeramus*	*dixissemus*	*dixerimus*
2. P. Pl.	*dixistis*	*dixeritis*	*dixeratis*	*dixissetis*	*dixeritis*
3. P. Pl.	*dixerunt*	*dixerint*	*dixerant*	*dixissent*	*dixerint*

11 Perfekt, Plusquamperfekt und Futur II im Passiv

Das Partizip

- Das **Partizip Perfekt Passiv (PPP)** hat als **Kennzeichen** in der Regel ein ***-t-*** oder ***-s-*** und wird mit den Endungen der o- und a-Deklination dekliniert. Welches Kennzeichen ein Verb hat, kann man an der **letzten Stammform** erkennen.

Das Kennzeichen des PPP:

-t-: *laudare, laudo, laudavi, lauda**t**us* (loben)

-s-: *ludere, ludo, lusi, lu**s**us* (tanzen, spielen)

Die Formenbildung

- **Perfekt**

Das **Perfekt** wird gebildet aus dem **PPP + Präsens Indikativ** bzw. **Konjunktiv** von ***esse***.

Indikativ		Konjunktiv	
captus, -a, -um sum	ich bin gefangen worden	*captus, -a, -um sim*	ich sei gefangen worden
captus, -a, -um es	du bist gefangen worden	*captus, -a, -um sis*	du seist gefangen worden
captus, -a, -um est	er, sie, es ist gefangen worden	*captus, -a, -um sit*	er, sie, es sei gefangen worden
…	…	…	…

Infinitiv Perfekt: *captus, a, um esse* (gefangen worden sein)

- **Plusquamperfekt**

Das **Plusquamperfekt** wird gebildet aus dem **PPP + Imperfekt Indikativ** bzw. **Konjunktiv** von ***esse***.

Indikativ		Konjunktiv	
captus, -a, -um eram	ich war gefangen worden	*captus, -a, -um essem*	ich wäre gefangen worden
captus, -a, -um eras	du warst gefangen worden	*captus, -a, -um esses*	du wärst gefangen worden
captus, -a, -um erat	er, sie, es war gefangen worden	*captus, -a, -um esset*	er, sie, es wäre gefangen worden
…	…	…	…

- **Futur II**

Das **Futur II** wird gebildet aus dem **PPP + Futur I** von ***esse***.

Futur II	
captus, -a, -um ero	ich werde gefangen worden sein
captus, -a, -um eris	du wirst gefangen worden sein
captus, -a, -um erit	er, sie, es wird gefangen worden sein
…	…

Die Deklinationsendungen des PPP werden an das Subjekt angeglichen.

*Ar**a** ornat**a** est.*
f. Sg.
Der Altar ist geschmückt worden.

*Templ**um** aedificat**um** erat.*
n. Sg.
Der Tempel war gebaut worden.

*Le**o** capt**us** est.*
m. Sg.
Der Löwe ist gefangen worden.

*Flumin**a** transit**a** sunt.*
n. pl.
Die Flüsse sind überquert worden.

*Senator**es** creat**i** erant.*
m. Pl.
Die Senatoren waren gewählt worden.

*Arbor**es** caes**ae** sunt.*
f. Pl.
Die Bäume sind gefällt worden.

12 Die besonderen Verben *esse, posse, ferre*

esse, sum, fui

- ***Esse*** heißt **sein**. Es ist ein unregelmäßiges Verb, dessen Formen man auswendig lernen muss. Alle Verben, die Wortzusammensetzungen mit ***esse*** sind, bilden ihre Formen genau wie ***esse***,
  z. B.: *abesse, absum, afui* (abwesend sein),
  adesse, adsum, adfui (anwesend sein, helfen),
  deesse, desum, defui (fehlen),
  interesse, intersum, interfui (dabei sein, teilnehmen).
- Das Verb ***posse*** ist mit ***esse*** verwandt und bildet daher in ganz ähnlicher Weise seine Formen. Lernt man also die Formen von ***esse*** gründlich und prägt sich den Lerntipp zu ***posse*** ein, so kann man sich das Auswendiglernen einiger Formen ersparen.
- Der Perfektstamm von *esse* lautet ***fu-***. Die Perfektformen werden regelmäßig gebildet:
  fui, fuisti, fuit, …

	Präsens		Imperfekt		Futur I
	Indikativ	Konjunktiv	Indikativ	Konjunktiv	Indikativ
1. Sg.	*sum*	*sim*	*eram*	*essem*	*erō*
2. Sg.	*es*	*sīs*	*erās*	*essēs*	*erīs*
3. Sg.	*est*	*sit*	*erat*	*esset*	*erīt*
1. Pl.	*sumus*	*sīmus*	*erāmus*	*essēmus*	*erimus*
2. Pl.	*estis*	*sītis*	*erātis*	*essētis*	*eritis*
3. Pl.	*sunt*	*sint*	*erant*	*essent*	*erunt*
Imp. Sg.	*es*				
Imp. Pl.	*este*				

posse, possum, potui

- ***Posse*** heißt **können**.
- Lerntipp: Immer wenn die entsprechende Form von ***esse*** mit ***s*** anfängt, besteht die Form von ***posse*** aus dem Wortstamm ***pos-*** mit der angehängten Form von ***esse***.
  Beispiel: ***sum*** → *pos**sum***, ***sunt*** → *pos**sunt***
  Fängt die entsprechende Form von ***esse*** mit ***e*** an, besteht die Form von ***posse*** aus dem Wortstamm ***pot-*** mit der angehängten Form von ***esse***. Beispiel: ***es*** → *pot**es***, ***est*** → *pot**est***
- Der Perfektstamm von ***posse*** lautet ***potu-***. Die Perfektformen werden regelmäßig gebildet:
  potui, potuisti, potuit, …

	Präsens		Imperfekt		Futur I
	Indikativ	Konjunktiv	Indikativ	Konjunktiv	Indikativ
1. P. Sg.	*possum*	*possim*	*poteram*	*possem*	*poterō*
2. P. Sg.	*potes*	*possīs*	*poterās*	*possēs*	*poterīs*
3. P. Sg.	*potest*	*possit*	*poterat*	*posset*	*poterīt*
1. P. Pl.	*possumus*	*possīmus*	*poterāmus*	*possēmus*	*poterimus*
2. P. Pl.	*potestis*	*possītis*	*poterātis*	*possētis*	*poteritis*
3. P. Pl.	*possunt*	*possint*	*poterant*	*possent*	*poterunt*

ferre, fero, tuli, latus

- ***Ferre*** heißt **tragen, bringen**. Alle Verben, die Wortzusammensetzungen mit ***ferre*** sind, bilden ihre Formen genau wie ***ferre***,
  z. B.: *afferre, affero, attuli, allatum* (herbeitragen),
  auferre, aufero, abstuli, ablatum (wegtragen),
  inferre, infero, intuli, illatum (hineintragen),
  offerre, offerro, obtuli, oblatum (anbieten),
  perferre, perfero, pertuli, perlatum (ertragen),
  referre, refero, rettuli, relatum (zurückbringen, melden).
- Lerntipp: Bei ***offerre*** kann man auch an das Deutsche **offerieren** oder das Englische ***to offer*** denken. Und das **Referat** ist natürlich mit ***referre*** verwandt.
- Der Perfektstamm von ***ferre*** lautet ***tul-***. Die Perfektformen werden regelmäßig gebildet:
  tuli, tulisti, tulit, …
- Das Partizip von ***ferre*** lautet ***latus***. Die Passivformen werden regelmäßig gebildet:
  latus sum, latus es, latus est, …

	Präsens Aktiv		Präsens Passiv	
	Indikativ	Konjunktiv	Indikativ	Konjunktiv
1. P. Sg.	*ferō*	*feram*	*feror*	*ferar*
2. P. Sg.	*fers*	*ferās*	*ferris*	*feraris*
3. P. Sg.	*fert*	*ferat*	*fertur*	*feratur*
1. P. Pl	*ferimus*	*ferāmus*	*ferimur*	*feramur*
2. P. Pl.	*fertis*	*ferātis*	*ferimini*	*feamini*
3. P. Pl.	*ferunt*	*ferant*	*feruntur*	*ferantur*
Imp. Sg.	*fer*			
Imp. Pl.	*ferte*			
Imperfekt	*ferēbam* *ferēbas …*	*ferrem* *ferrēs …*	*ferēbar* *ferēbaris …*	*ferrer* *ferrēris …*
Futur I	*feram* *ferēs …*		*ferar* *ferēris …*	

13 Das besondere Verb *ire*

Präsens, Imperfekt und Futur I

- ***Ire**, **eo**, **ii**, **itum*** heißt **gehen**. Es ist ein unregelmäßiges Verb mit dem sehr kurzen Wortstamm ***i*** bzw. ***e***.
- Vor einem Vokal (a, o, u) wird immer der Wortstamm ***e*** verwendet. In allen anderen Fällen wird der Wortstamm ***i*** verwendet.

Beispiel: *e-o* (e vor Vokal)
i-s (i vor Konsonant)

Achtung: Verwechslungsgefahr!
Die 1. P. Sg. Ind. Akt. Perf. sieht aus wie Nom. Pl. des Personalpronomens *is*.

	Präsens		Imperfekt		Futur I
	Indikativ	Konjunktiv	Indikativ	Konjunktiv	Indikativ
1. P. Sg.	*eō*	*eam*	*ībam*	*īrem*	*ībō*
2. P. Sg.	*īs*	*eās*	*ībās*	*īrēs*	*ībis*
3. P. Sg.	*it*	*eat*	*ībat*	*īret*	*ībit*
1. P. Pl.	*īmus*	*eāmus*	*ībāmus*	*īrēmus*	*ībīmus*
2. P. Pl.	*ītis*	*eātis*	*ībātis*	*īrētis*	*ībītīs*
3. P. Pl.	*eunt*	*eant*	*ībant*	*īrent*	*ibunt*
Imp. Sg.	*ī*				
Imp. Pl.	*īte*				
Partizip	*iēns, euntis*				*itūrus,a,um*

Perfekt, Plusquamperfekt und Futur II

- Im Perfekt, Plusquamperfekt und Futur II ist der Wortstamm ***i*** die Regel.
- Nur bei folgenden Formen hat sich das ***i*** des Wortstamms mit dem nachfolgenden ***i*** zu einem ***ī*** zusammengezogen:
  - Infinitiv Perfekt: *īssem*
  - 2. Sg. Ind. Perf.: *īsti*
  - 2. Pl. Ind. Perf.: *īstis*
  - Alle Formen des Konjunktiv Plusquamperfekt: *īssem, īsses, īsset, īssemus, īssetis, īssent.*
- **Lerntipp:** Vor *s* wird aus *ii* ein *ī*!

	Perfekt		Plusquamperfekt		Futur II
	Indikativ	Konjunktiv	Indikativ	Konjunktiv	Indikativ
Infinitiv	*īsse*				
1. P. Sg.	*ii*	*ierim*	*ieram*	*īssem*	*iero*
2. P. Sg.	*īsti*	*ieris*	*ieras*	*īsses*	*ieris*
3. P. Sg.	*iit*	*ierit*	*ierat*	*īsset*	*ierit*
1. P. Pl.	*iimus*	*ierimus*	*ieramus*	*īssemus*	*ierimus*
2. P. Pl.	*īstis*	*ieritis*	*ieratis*	*īssetis*	*ieritis*
3. P. Pl.	*ierunt*	*ierint*	*ierant*	*īssent*	*ierint*
PPP	*itum*				

Passiv von *ire*

Von ***ire*** gibt es einige wenige passive Formen, diese werden unpersönlich mit **man** übersetzt:
itur/ibatur (man geht/man ging),
eatur/iretur (man möge gehen/man würde gehen),
itum est/eundum est (man ist gegangen/man muss gehen).

Wortzusammensetzungen mit *ire*
Alle Verben, die Wortzusammensetzungen mit ***ire*** sind, bilden ihre Formen genau wie ***ire***,
z. B.: *abire, abeo, abii, abiturus* (weggehen),
adire, adeo, adii, aditus (herangehen, angreifen),
redeo, redii, reditus (zurückgehen).

adire

abire

14 Die besonderen Verben *velle, nolle, malle*

velle, volo, volui

- ***Velle*** heißt **wollen**. Es ist ein **unregelmäßiges Verb**, das vor allem im Präsens Indikativ und Konjunktiv ganz eigene Formen bildet. Die Verben *nolle* und *malle* sind mit *velle* verwandt und bilden daher in ganz ähnlicher Weise ihre Formen. Lernt man also die Formen von *velle* gründlich und prägt sich die Lerntipps zu den anderen Verben ein, kann man sich das Auswendiglernen einiger Formen ersparen. Die Perfektformen werden jeweils regelmäßig gebildet.
- ***Nolle*** ist eine Zusammenziehung von *non* + *velle* und heißt **nicht wollen**.
- ***Malle*** ist eine Zusammenziehung von *magis* + *velle* und heißt **lieber wollen**.

	Präsens		Imperfekt		Futur I
	Indikativ	Konjunktiv	Indikativ	Konjunktiv	Indikativ
1. Sg.	*volō*	*velim*	*volēbam*	*vellem*	*volam*
2. Sg.	*vīs*	*velīs*	*volēbās*	*vellēs*	*volēs*
3. Sg.	*vult*	*velit*	*volēbat*	*vellet*	*volet*
1. Pl.	*volumus*	*velīmus*	*volēbāmus*	*vellēmus*	*volēmus*
2. Pl.	*vultis*	*velītis*	*volēbātis*	*vellētis*	*volētis*
3. Pl.	*volunt*	*velint*	*volēbant*	*vellent*	*volent*

Achtung: Verwechslungsgefahr!
Die Form *volo* kann sowohl die 1. P. Sg. Präs. Ind. von *velle* als auch von *volare* (fliegen) sein.

nolle, nolo, nolui

- ***Nolle*** heißt **nicht wollen**.

- **Lerntipp** für den Präsens Indikativ:
  Immer, wenn die entsprechende Form von *velle* mit *vol-* anfängt, gibt es eine eigene Form von *nolle*, die mit *nol-* anfängt. Alle anderen Formen sind Kombinationen aus *non* + *velle*.

- Im Lateinischen wird der Infinitiv eines Verbes verneint, indem man den Imperativ von *nolle* zu dem Infinitiv des entsprechenden Verbs setzt.
  Noli me tangere!
  Berühr mich nicht!

	Präsens		Imperfekt		Futur I
	Indikativ	Konjunktiv	Indikativ	Konjunktiv	Indikativ
1. Sg.	*nōlō*	*nōlim*	*nōlebam*	*nōllem*	*nōlam*
2. Sg.	*nōn vīs*	*nōlīs*	*nōlebās*	*nōllēs*	*nōlēs*
3. Sg.	*nōn vult*	*nōlit*	*nōlebat*	*nōllet*	*nōlet*
1. Pl.	*nōlumus*	*nōlīmus*	*nōlebāmus*	*nōllēmus*	*nōlēmus*
2. Pl.	*nōn vultis*	*nōlītis*	*nōlebātis*	*nōllētis*	*nōlētis*
3. Pl.	*nōlunt*	*nōlint*	*nōlebant*	*nōllent*	*nōlent*
Imp. Sg.	*nōlī*				
Imp. Pl.	*nōlīte*				

malle, malo, malui

- ***Malle*** heißt **lieber wollen**.

- **Lerntipp** für den Präsens Indikativ:
  Immer, wenn die entsprechende Form von *velle* mit *vol-* anfängt, fängt die entsprechende Form von *malle* mit *mal-* an. Bei allen anderen Formen werden die entsprechenden Formen von *velle* an die Silbe *ma-* angehängt.

Achtung: Verwechslungsgefahr!
Es gibt viele ähnliche Wörter mit dem Wortanfang *mal-*,
Beispiel: *malum, i* n.: Fehler
mālum, i n.: Apfel
malus, -a, -um: schlecht
mālus, i f.: Apfelbaum
m: Mast

	Präsens		Imperfekt		Futur I
	Indikativ	Konjunktiv	Indikativ	Konjunktiv	Indikativ
1. Sg.	*mālō*	*mālim*	*mālēbām*	*māllem*	*mālam*
2. Sg.	*māvīs*	*mālīs*	*mālēbās*	*māllēs*	*mālēs*
3. Sg.	*māvult*	*mālit*	*mālēbāt*	*māllet*	*mālet*
1. Pl.	*mālumus*	*mālīmus*	*mālēbāmus*	*māllēmus*	*mālēmus*
2. Pl.	*māvultis*	*mālitīs*	*mālēbātis*	*māllētis*	*mālētis*
3. Pl.	*mālunt*	*mālint*	*mālēbānt*	*māllent*	*mālent*

Die ähnlichen Wörter geben gerne Anlass zu Wortspielen:
Malo malo malo malo.
Ich möchte lieber in einem Apfelbaum sein als ein schlechter Mann im Unglück.

Obwohl das PPA dieser Verben nur selten verwendet wird, ist folgende Weisheit von Seneca überliefert:
Ducunt fata volentem, nolentem trahunt.
Den Willigen führt, den Unwilligen zerrt das Schicksal.

15 Die Deponentien, Semideponentien und *fieri*

Merkmale der Deponentien

- Deponentien sind Verben, die (fast) **nur Passivformen bilden** können. Sie werden aber **immer im Aktiv übersetzt**. Beim Vokabellernen erkennt man sie daran, dass bei ihnen immer nur der Infinitiv Präsens Passiv und zwei Stammformen – nämlich die 1. Pers. Sg. Präs. Ind. Passiv und die 1. Pers. Sg. Perf. Ind. Passiv – angegeben sind: *sequi, sequor, secutus sum* (folgen).
  Als **einzige aktive Form** können diese Verben das **Partizip Präsens Aktiv** bilden: *sequens, sequentis* (folgend).

Der Begriff **Deponens** kommt von dem lateinischen Verb **deponere** (ablegen), denn diese Verben haben ihre Aktivformen sozusagen „abgelegt“. Man kann sich als Merkhilfe auch vorstellen, dass die Formen auf einer „Mülldeponie“ gelandet sind.

Die Stammformen von Deponentien:

	a-Konjugation	e-Konjugation	konsonantische Konjugation	i-Konjugation
dt. Bedeutung	ermuntern	fürchten	folgen	sich bemächtigen
Infinitiv	*hortari*	*verēri*	*sequi*	*potiri*
1. P. Sg. Präs.	*hortor*	*verēor*	*sequor*	*potior*
1. P. Sg. Perf.	*hortatus sum*	*veritus sum*	*secutus sum*	*potitus sum*

Passive Form – aktivische Bedeutung:

*Caesar milites, qui hostes **verebantur**, **hortatus est**.*
Cäsar **ermunterte** die Soldaten, die **sich** vor den Feinden **fürchteten**.

*Caesar victoriis **laetabatur**.*
Caesar freute sich über seine Siege.

Semideponentien

- Semideponentien sind sozusagen „Halbdeponentien“. Sie können im Präsensstamm (Präsens, Imperfekt, Futur I) nur Passivformen und im Perfektstamm (Perfekt, Plusquamperfekt, Futur II) nur Aktivformen bilden
  oder
  im Perfektstamm (Perfekt, Plusquamperfekt, Futur II) nur Passivformen und im Präsensstamm (Präsens, Imperfekt, Futur I) nur Aktivformen bilden.
- Im Deutschen werden alle Formen im **Aktiv** übersetzt.

Übersicht über die Semideponentien:

- **Präsensstamm im Passiv/Perfektstamm im Aktiv:**
  reverti, revertor, reverti, reversus (zurückkehren).
- **Präsensstamm im Aktiv/Perfektstamm im Passiv:**
  confidere, confido, confisus sum (vertrauen),
  gaudēre, gaudēo, gavisus sum (sich freuen),
  solēre, solēo, solitus sum (gewohnt sein),
  audēre, audēo, ausus sum (wagen).

Sonderfall: *fieri*

- ***Fieri*** bedeutet **(gemacht) werden, entstehen**. Im Präsensstamm dienen die Formen von ***fieri*** als Ersatz für das fehlende Passiv des Verbs ***facere*** (machen, tun). Im Perfektstamm werden die Passivformen von ***facere*** regelmäßig mit dem Partizip ***factus*** + ***esse*** gebildet.

Diese Regel für das Passiv von **facere** gilt auch für die Verben, die mit ***-facere*** zusammengesetzt sind, wie z. B.:
assuefacere (gewöhnen) – *assuefieri* (gewöhnt werden),
patefacere (öffnen) – *patefieri* (geöffnet werden),
satisfacere (befriedigen) – *satisfieri* (befriedigt werden),
calefacere (wärmen) – *calefieri* (gewärmt werden).

Formen von fieri:

	Präsens Indikativ	Präsens Konjunktiv	Imperfekt Indikativ	Imperfekt Konjunktiv	Futur I
1. Sg.	*fio*	*fiam*	*fiebam*	*fierem*	*fiam*
2. Sg.	*fis*	*fias*	*fiebas*	*fieres*	*fies*
3. Sg.	*fit*	*fiat*	*fiebat*	*fieret*	*fiet*
1. Pl.	*fimus*	*fiamus*	*fiebamus*	*fieremus*	*fiemus*
2. Pl.	*fitis*	*fiatis*	*fiebatis*	*fieretis*	*fietis*
3. Pl.	*fiunt*	*fiant*	*fiebant*	*fierent*	*fient*

Imperativformen: *fi! fite!*

16 Die Adverbien

Funktion der Adverbien

- Adverbien beschreiben eine Tätigkeit näher.
  Wie läuft Hugo? Hugo läuft **schnell**.
- Sie können ebenso wie Adjektive gesteigert werden.
  Klaus läuft **schneller** als Manfred, Monika läuft am **schnellsten**.

In der deutschen Grammatik wird traditionell zwischen den Wortarten Adjektiv und Adverb unterschieden. Unser deutscher Beispielsatz „Hugo läuft schnell" enthält das Adjektiv „schnell" in adverbieller Verwendung. Im Lateinischen erkennt man Adjektiv und Adverb an der unterschiedlichen Formenbildung.

Formenbildung der Adverbien

- Einige Adverbien lassen sich einfach als feste Vokabeln lernen, andere lassen sich von den verwandten Adjektiven ableiten:
  - Adjektive der *o/a*-Deklination bilden ihre Adverbien mit der Endung ***-e***.
  - Adjektive der 3. Deklination bilden ihre Adverbien mit der Endung ***-iter***.
    Endet der Wortstamm des Adjektivs auf *-nt* wird ***-er*** als Adverbkennzeichen angehängt.

Adjektive der *o/a*-Deklination

	Endung auf *us, a, um*	Endung auf *-er*, Stamm mit -e-	Endung auf *-er*, Stamm ohne -e-
Adjektiv	*laetus, a, um*	*miser, misera miserum*	*aeger, aegra, aegrum*
Adverb	*laete*	*misere*	*aegre*

Adjektive der 3. Deklination

	reguläre Bildung	Wortstamm auf *-nt*
Adjektiv	*fortis*	*constans, constantis*
Adverb	*fortiter*	*constanter*

Steigerung der Adverbien

- Der Komparativ wird mit der Endung ***-ius*** gebildet.
- Der Superlativ wird mit der Endung ***-issime*** gebildet.
- Bei Adjektiven auf -(e)*r* wird ***-rime*** angehängt,
  bei einigen Adjektiven auf *-lis* wird ***-lime*** angehängt.

	Komparativ	Superlativ
laete	*laetius*	*laetissime*
misere	*miserius*	*miserrime*
facile	*facilius*	*facillime*

*Klaus **alte** saltat. Manfred **altius** saltat. Monika **altissime** saltat.*
Klaus hüpft hoch. Manfred hüpft höher. Monika hüpft am höchsten.

Unregelmäßig gesteigerte Adverbien

Positiv		Komparativ		Superlativ	
bene	gut	*melius*	besser	*optime*	am besten
diu	lang	*diutius*	länger	*diutissime*	am längsten
magnopere	sehr	*magis*	mehr	*maxime*	am meisten
male	schlecht	*peius*	schlechter	*pessime*	am schlechtesten
multum	viel	*plus*	mehr	*plurimum*	am meisten
paulum	wenig	*minus*	weniger	*minime*	am wenigsten
prope	nahe	*propius*	näher	*proxime*	am nächsten
saepe	oft	*saepius*	öfter	*saepissime*	sehr oft

Merkhilfe
3 + 2 = 5
Wenn man **plus** rechnet, wird etwas **mehr**.

Merkhilfe
3 – 2 = 1
Wenn man **minus** rechnet, wird etwas **weniger**.

Lerntipp
Schon der Name gibt Aufschluss über die Funktion: *Ad*-Verb.
Das heißt, es steht bei einem Verb und erläutert dieses näher.

17 Die Präpositionen

Die Wortart Präposition

- Präpositionen sind Verhältniswörter. Sie geben die Beziehung zwischen Personen oder Sachen an.
- Man kann Präpositionen weder deklinieren noch konjugieren, ihre Form ist also unveränderbar.
- Präpositionen bestimmen den Kasus der dazugehörigen Wortgruppe.

Präpositionen bestimmen den Kasus der dazugehörigen Wortgruppe:
Cassius geht **mit seinem Freund** (mit + Dativ)
zu den Gladiatorenspielen. (zu + Dativ)

Präpositionen mit dem Akkusativ

ad	an, bei, zu, nach
ante	vor
apud	(nahe …) bei
contra	gegen, gegenüber
inter	zwischen, gegenseitig
per	durch (… hindurch)
post	hinter, nach
prope	nahe bei

*Leo **ante gladiatorem** stat.*

***Ante pugnam** gladiatores magno timore affecti sunt.*
Vor dem Kampf haben die Gladiatoren große Angst.
*Manus **ad caelum** tendunt atque deos implorant, cum in arena **contra immanes leones** pugnare debeant.*
Sie heben ihre Hände **zum Himmel** und flehen die Götter an, weil sie auf dem Kampfplatz **gegen riesige Löwen** kämpfen müssen.
*Alius gladiator timidus **post alium** se occultat.*
Ein ängstlicher Gladiator versteckt sich **hinter einem anderen.**

Präpositionen mit dem Ablativ

a, ab	von (… her)
cum	(zusammen, gemeinsam) mit
de	von (… herab)
e, ex	aus (… heraus)
pro	vor, für, anstatt
sine	ohne

*Leo **e claustris** salit.*

*Leones iam **e claustris** saliunt atque **sine ullo timore** circumspectant.*
Schon springen die Löwen **aus ihren Käfigen** und blicken **ohne irgendwelche Angst** umher.
*Gladiatores autem leones **magno cum timore** exspectant.*
Die Gladiatoren jedoch erwarten die Löwen **mit großer Angst**.

a/e oder ab/ex?
Vor einem Vokal wird *ab/ex* verwendet, vor einem Konsonanten *a/e*.
a Caesarī – **ab** Antonio

Präpositionen mit dem Akkusativ oder dem Ablativ

	+ Akkusativ (auf die Frage: Wohin?)	+ Ablativ (auf die Frage: Wo?)
in	in, in … hinein, auf, nach … hin, gegen	in, an, auf, bei, innerhalb … von
sub	unter	unter

Die deutsche Präposition **wegen** heißt im Lateinischen ***causa*** und steht immer **hinter** ihrem Bezugswort. Wie im Deutschen steht sie mit dem **Genitiv**.
Beispiel: *leonis causa* – wegen des Löwen

Wohin? + Akkusativ

*Gladiator **in claustra** currit.*

Wo? + Ablativ

*Gladiator **in claustris** sedet.*

18 Die Konjunktionen

Die Wortart Konjunktion

- Konjunktionen verbinden Sätze miteinander. Es gibt
  - beiordnende Konjunktionen. Sie verbinden gleichwertige Sätze und Satzteile miteinander.
  - unterordnende Konjunktionen. Sie leiten Nebensätze ein. Nebensätze können sowohl von Hauptsätzen (Unterordnung 1. Grades) als auch von anderen Nebensätzen abhängig sein (Unterordnung 2. Grades).

  Die unterordnenden Konjunktionen nennt man auch Subjunktionen.

Beiordnende Konjunktionen

et, ac, atque, -que (und); *et … et* (sowohl … als auch);
aut, vel (oder); *aut … aut, vel … vel* (entweder … oder)

Unterordnende Konjunktionen (Subjunktionen)

- **Kausalsätze:** *quia* (da, weil), *quod* (da, weil), *cum* (da, weil) + Konjunktiv
- **Temporalsätze:** *postquam* (nachdem) + Indikativ Perfekt, *antequam* (bevor), *dum* (während) + Indikativ Präsens, *cum* (als, nachdem) + Konjunktiv
- **Konditionalsätze:** *si* (wenn), *nisi* (wenn nicht)
- **Konzessivsätze:** *quamquam* (obwohl), *cum* (obwohl) + Konjunktiv
- **Konsekutivsätze:** *ut* (dass) + Konjunktiv, *ut non* (dass nicht) + Konjunktiv
- **Finalsätze:** *ut* (damit) + Konjunktiv, *ne* (damit nicht) + Konjunktiv

Zeitengebung in Nebensätzen

- **Nebensätze im Indikativ:** Läuft das Geschehen im Nebensatz **gleichzeitig** mit dem des Hauptsatzes ab, dann stehen Haupt- und Nebensatz auch im gleichen Tempus. Ist die Handlung des Nebensatzes **vor** der des Hauptsatzes abgelaufen, gelten folgenden Regeln:

Hauptsatz	Präsens	Futur I	Präteritum
Nebensatz	Perfekt	Futur II	Plusquamperfekt

- **Nebensätze im Konjunktiv:** Läuft das Geschehen im Nebensatz **gleichzeitig** mit dem des Hauptsatzes ab, dann gelten folgenden Regeln:

Hauptsatz	Präsens/Futur I + II	Imperfekt/Perfekt/Plusquamperfekt
Nebensatz	Präsens	Imperfekt

- Ist die Handlung des Nebensatzes **vor** der des Hauptsatzes abgelaufen, gilt Folgendes:

Hauptsatz	Präsens/Futur I + II	Imperfekt/Perfekt/Plusquamperfekt
Nebensatz	Perfekt	Plusquamperfekt

Unterordnung 1. Grades
Plurimi homines multa de Socrate audiverunt, quamquam antiquis temporibus Athenis vixit. – Die meisten Menschen haben schon viel über Sokrates gehört, obwohl er vor vielen Jahrhunderten in Athen gelebt hat.

Unterordnung 2. Grades:
Multi Socratem magni aestimant, quia philosophus magnus est, cum suis temporibus capitis damnatus sit. – Viele schätzen Sokrates sehr, weil er ein großer Philosoph ist, obwohl er zu seiner Zeit zum Tode verurteilt worden ist.

Beigeordnete Hauptsätze
*Xanthippe uxor erat Socratis **et** praeclara est.*
Beigeordnete Nebensätze
*Praeclara est, cum rixandi cupida fuerit **et** cum Socrates saepe ab ea lacessitus sit.*

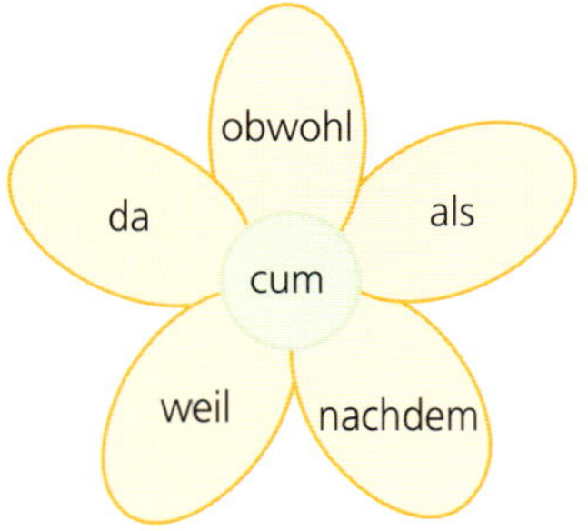

Zeitengebung in Nebensätzen
*Aliquando Xanthippe Socratem, quamquam defatigatus domum **redierat**, imprimis **irritabat**.* (vorzeitig, Indikativ) – Einst **ärgerte** Xanthippe Sokrates, obwohl er erschöpft nach Hause **zurückgekehrt war**, besonders.
*Cum Socrates Xanthippen diu rixantem **tulisset** in aedibus ac tandem fessus **consedisset** ante fores, illa magis irritata quiete viri de fenestra **perfudit** eum lotio.* (vorzeitig, Konjunktiv) – Als Sokrates seine lange streitende Xanthippe im Haus **ertragen hatte** und sich schließlich erschöpft vor die Tür **gesetzt hatte, übergoss** jene ihn, weil sie durch die Ruhe ihres Mannes noch mehr gereizt war, vom Fenster aus mit Urin (aus dem Nachttopf).
*Ridentibus, qui **praeteribant**, et ipse Socrates **adridebat** dicens „Facile divinabam post tantum tonitrum secuturam esse pluviam!“* (gleichzeitig, Indikativ) – Den Lachenden, die **vorbeigingen**, **lachte** Sokrates selbst auch zu und er sprach: „Mit Leichtigkeit habe ich vorausgesehen, dass auf einen so großen Donner Regen folgen wird.“

19 Die Demonstrativpronomen

e-i

is, ea, id:

- in Verbindung mit einem KNG-kongruenten Nomen: „der, die, das"
- allein stehend: Ersatz für die fehlenden Personalpronomen „er, sie, es"

	Singular			Plural		
	m.	f.	n.	m.	f.	n.
Nom.	*is*	*ea*	*id*	*iī*	*eae*	*ea*
Gen	*eius*	*eius*	*eius*	*eōrum*	*eārum*	*eōrum*
Dat.	*ei*	*ei*	*ei*	*eīs/iīs*	*eīs/iīs*	*eīs/iīs*
Akk.	*eum*	*eam*	*id*	*eōs*	*eās*	*ea*
Abl.	*eō*	*eā*	*eō*	*eīs/iīs*	*eīs/iīs*	*eīs/iīs*

e-is

iste, ista, istud: dieser da, diese da, dieses da

(bezeichnet etwas, das dem Angesprochenen zeitlich oder räumlich naheliegt; wird oft abwertend gebraucht)

	Singular			Plural		
	m.	f.	n.	m.	f.	n.
Nom.	*iste*	*ista*	*istud*	*istī*	*istae*	*ista*
Gen	*istius*	*istius*	*istius*	*istōrum*	*istārum*	*istōrum*
Dat.	*istī*	*istī*	*istī*	*istīs*	*istīs*	*istīs*
Akk.	*istum*	*istam*	*istud*	*istōs*	*istās*	*ista*
Abl.	*istō*	*istā*	*istō*	*istīs*	*istīs*	*istīs*

hic, haec, hoc: dieser, diese, dieses

(bezeichnet etwas, das dem Sprechenden zeitlich oder räumlich naheliegt)

	Singular			Plural		
	m.	f.	n.	m.	f.	n.
Nom.	*hic*	*haec*	*hoc*	*hi*	*hae*	*haec*
Gen	*huius*	*huius*	*huiuis*	*hōrum*	*hārum*	*hōrum*
Dat.	*huic*	*huic*	*huic*	*hīs*	*hīs*	*hīs*
Akk.	*hunc*	*hanc*	*hoc*	*hōs*	*hās*	*haec*
Abl.	*hōc*	*hāc*	*hōc*	*hīs*	*hīs*	*hīs*

Iste fur est!
Der da ist ein Dieb!

īdem, eadem, idem: derselbe, dieselbe, dasselbe

	Singular			Plural		
	m.	f.	n.	m.	f.	n.
Nom.	*īdem*	*eadem*	*idem*	*īdem*	*eaedem*	*eadem*
Gen	*eiusdem*	*eiusdem*	*eiusdem*	*eōrundem*	*eārundem*	*eōrundem*
Dat.	*eīdem*	*eīdem*	*eīdem*	*eīsdem*	*eīsdem*	*eīsdem*
Akk.	*eundem*	*eandem*	*idem*	*eōsdem*	*eāsdem*	*eadem*
Abl.	*eōdem*	*eādem*	*eōdem*	*eīsdem*	*eīsdem*	*eīsdem*

ille: jener, jene, jenes

(bezeichnet etwas, das dem Sprechenden zeitlich oder räumlich fernliegt)

	Singular			Plural		
	m.	f.	n.	m.	f.	n.
Nom.	*ille*	*illa*	*illud*	*illī*	*illae*	*illa*
Gen	*illīus*	*illīus*	*illīus*	*illōrum*	*illārum*	*illōrum*
Dat.	*illī*	*illī*	*illī*	*illīs*	*illīs*	*illīs*
Akk.	*illum*	*illam*	*illud*	*illōs*	*illās*	*illa*
Abl.	*illō*	*illā*	*illō*	*illīs*	*illīs*	*illīs*

ipse, ipsa, ipsum: selbst, selber

(hebt ein Wort im Gegensatz zu anderen hervor)

	Singular			Plural		
	m.	f.	n.	m.	f.	n.
Nom.	*ipse*	*ipsa*	*ipsum*	*ipsī*	*ipsae*	*ipsa*
Gen	*ipsīus*	*ipsīus*	*ipsīus*	*ipsōrum*	*ipsārum*	*ipsōum*
Dat.	*ipsī*	*ipsī*	*ipsī*	*ipsīs*	*ipsīs*	*ipsīs*
Akk.	*ipsum*	*ipsam*	*ipsum*	*ipsōs*	*ipsās*	*ipsa*
Abl.	*ipsō*	*ipsā*	*ipsō*	*ipsīs*	*ipsīs*	*ipsīs*

20 Die Personal- und Possessivpronomen

Die Personalpronomen

▸ **Die Verwendung der Personalpronomen**

Im Deutschen gibt es folgende Personalpronomen: Singular: **ich, du, er, sie, es**; Plural: **wir, ihr, sie**.

Im Lateinischen wird im Nominativ nur dann das Personalpronomen verwendet, wenn es **besonders betont** werden soll. Ansonsten stehen im Lateinischen in der Regel keine Personalpronomen, sondern man erschließt die verwendete Person aus der Personalendung des Prädikats.

▸ **Die Formen der Personalpronomen**

1. Singular	2. Singular	1. Plural	2. Plural
ego (ich)	*tu* (du)	*nos* (wir)	*vos* (ihr)
mei (meiner)	*tui* (deiner)	*nostri/nostrum* (unser)	*vestri/vestrum* (euer)
mihi (mir)	*tibi* (dir)	*nobis* (uns)	*vobis* (euch)
me (mich)	*te* (dich)	*nos* (uns)	*vos* (euch)
a me (von mir)	*a te* (von dir)	*a nobis* (von uns)	*a vobis* (von euch)
mecum (mit mir)	*tecum* (mit dir)	*nobiscum* (mit uns)	*vobiscum* (mit euch)

Für die 3. Person (er, sie, es; sie) werden die Formen von *is, es, id* eingesetzt (siehe Seite 19).

Die Possessivpronomen

▸ **Die Verwendung der Possessivpronomen**

Die besitzanzeigenden Fürwörter heißen Possessivpronomen. Sie werden im Lateinischen verwendet, wenn besonders hervorgehoben werden soll, **wem** etwas gehört.

Wie die Adjektive werden sie in Genus, Kasus und Numerus an ihr Bezugswort angeglichen.

▸ **Die Formen der Possessivpronomen**

	Singular		Plural	
1. P.	*meus,-a,-um*	mein	*noster, nostra, nostrum*	unser
2. P.	*tuus,-a,-um*	dein	*vester, vestra, vestrum*	euer
3. P.	*suus,-a,-um*	sein/ihr	*suus, -a, -um*	ihr

Die Possessivpronomen werden mit den Endungen der o/a-Deklination dekliniert.

Lerntipp

Die Fachbegriffe lassen sich aus dem Lateinischen ableiten: Im Pronomen steckt das lateinische ***pro*** (für, anstelle von) und das Possessivpronomen kommt von ***possidere*** (besitzen).

Etsi Marius et Claudia eodem patre et matre nati, tamen contrarii sunt.

Obwohl Marius und Claudia Geschwister sind, sind sie dennoch unterschiedlich:

Dum Marius in foro oratores audit, ea domi lanam tractat.

Während Marius auf dem Forum den Rednern zuhört, spinnt sie zu Hause Wolle.

Ea sorores fratresque parvos libenter curat.

Sie kümmert sich gerne um ihre kleinen Schwestern und Brüder.

Is ut gladiator pugnare exercet.

Er übt, wie ein Gladiator zu kämpfen.

Quis vestrum id ignorat?

Wer von euch weiß das nicht?

Suus **oder** ***eius*****?**

Bezieht sich das Possessivpronomen „sein/ihr“ nicht auf das Subjekt des Satzes, wird im Lateinischen im Singular die Form *eius*, im Plural die Form *eorum/earum* verwendet.

*Claudia gladium **eius** videt.*

Claudia sieht sein Schwert. (Marius' Schwert)

*Marius gladium **suum** videt.*

Marius sieht sein (eigenes) Schwert.

21 Die Zahlen

Die Kardinalzahlen

- Die Kardinalzahlen sind die Grundzahlen. Sie geben Antwort auf die Frage: **Wie viele?** Die meisten Kardinalzahlen lassen sich nicht deklinieren. **Die Zahlen 1, 2 und 3 werden wie folgt dekliniert:**

	m.	f.	n.	m.	f.	n.	m.	f.	n.
Nom.	*unus*	*una*	*unum*	*duo*	*duae*	*duo*	*tres*	*tres*	*tria*
Gen.	*unius*	*unius*	*unius*	*duorum*	*duarum*	*duorum*	*trium*	*trium*	*trium*
Dat.	*uni*	*uni*	*uni*	*duobus*	*duabus*	*duobus*	*tribus*	*tribus*	*tribus*
Akk.	*unum*	*unam*	*unum*	*duo (duos)*	*duas*	*duo*	*tres*	*tres*	*tria*
Abl.	*uno*	*una*	*uno*	*duobus*	*duabus*	*duobus*	*tribus*	*tribus*	*tribus*

Die Kardinalzahlen von 1 – 20

unus,-a,-um	eins	*undecim*	elf
duo, duae, duo	zwei	*duodecim*	zwölf
tres, tria	drei	*tredecim*	dreizehn
quattuor	vier	*quattuordecim*	vierzehn
quinque	fünf	*quindecim*	fünfzehn
sex	sechs	*sedecim*	sechzehn
septem	sieben	*septendecim*	siebzehn
octo	acht	*duodeviginti*	achtzehn
novem	neun	*undeviginti*	neunzehn
decem	zehn	*viginti*	zwanzig

Die Ordinalzahlen

- Die Ordinalzahlen sind die Ordnungszahlen. Sie geben Antwort auf die Frage: **Der wievielte?**

Namenssuche leicht gemacht!
Bei den Römern war es durchaus üblich, keine individuellen Namen für die Kinder auszusuchen, sondern sie einfach nach der Reihenfolge ihrer Geburt zu benennen. Die Kinder wurden also durchnummeriert.

Quintus Sextus Septimus

Die Ordinalzahlen von 1 – 20

primus	der erste	*undecimus*	der elfte
secundus	der zweite	*duodecimus*	der zwölfte
tertius	der dritte	*tertius decimus*	der dreizehnte
quartus	der vierte	*quartus decimus*	der vierzehnte
quintus	der fünfte	*quintus decimus*	der fünfzehnte
sextus	der sechste	*sextus decimus*	der sechzehnte
septimus	der siebte	*septimus decimus*	der siebzehnte
octavus	der achte	*duodevicesimus*	der achtzehnte
nonus	der neunte	*undevicesimus*	der neunzehnte
decimus	der zehnte	*vicesimus*	der zwanzigste

Die Zahlzeichen

- Die Zahlzeichen werden aus folgenden Grundzeichen zusammengesetzt:

I	V	X	L	C	D	M
1	5	10	50	100	500	1000

- Steht ein Zahlzeichen vor einem größeren, so wird es von dieser Zahl abgezogen. IV = 5 – 1 = 4.
- Steht ein Zahlzeichen hinter einem größeren, so wird es zu dieser Zahl hinzuaddiert. VI = 5 + 1 = 6

Die Zahlzeichen von 1 – 20

I	1	VI	6	XI	11	XVI	16
II	2	VII	7	XII	12	XVII	17
III	3	VIII	8	XIII	13	XVIII	18
IV	4	IX	9	XIV	14	XIX	19
V	5	X	10	XV	15	XX	20

centum hundert

mille tausend

22 Relativsätze

Die Formen des Relativpronomen

	Singular			Plural		
	m.	f.	n.	m.	f.	n.
Nominativ	*quī* (der)	*quae* (die)	*quod* (das)	*quī* (die)	*quae* (die)	*quae* (die)
Genitiv	*cuius* (dessen)	*cuius* (deren)	*cuius* (dessen)	*quōrum* (deren)	*quārum* (deren)	*quōrum* (deren)
Dativ	*cui* (dem)	*cui* (der)	*cui* (dem)	*quibus* (denen)	*quibus* (denen)	*quibus* (denen)
Akkusativ	*quem* (den)	*quam* (die)	*quod* (das)	*quōs* (die)	*quās* (die)	*quae* (die)
Ablativ	*quō* (durch den)	quā (durch die)	*quō* (durch das)	*quibus* (durch die)	*quibus* (durch die)	*quibus* (durch die)

Relativsätze als Attributsätze

- Relativsätze beschreiben meist als Attributsätze ein vorangehendes Substantiv oder Pronomen näher.
- Das Relativpronomen steht immer im selben Genus und Numerus wie sein Bezugswort.
- Der Kasus des Relativpronomens richtet sich danach, welches Satzglied das Relativpronomen im Relativsatz ist.
- **Die Beispielsätze rechts geben einen Überblick über Relativsätze in den verschiedenen Kasus.**

De vulpe et uva **(nach Phaedrus)**
Vulpes vidit ***uvam, quae*** *in vinea alta pendebat.* (Nominativ)
Ein Fuchs sah **eine Traube, die** an einem hohen Weinstock hing.
Vulpes, cuius *fames erat ingens, summis viribus saliens uvam appetebat.* (Genitiv)
Der Fuchs, dessen Hunger groß war, strebte nach der Traube, indem er mit all seinen Kräften hochsprang.
Magna erat ira ***vulpis, cui uvam, quam*** *appetebat, tangere non contigit.* (Dativ/Akkusativ)
Groß war der Zorn **des Fuchses, dem** es nicht gelang **die Traube, die** er erstrebte, zu erreichen.
Vineam altam, in qua *uvam pendebat, aspexit et discedens ait superba:* (Ablativ)
Er blickte **den hohen Weinstock, an dem** die Traube hing, an und sprach im Weggehen:
„Nondum matura est; nolo acerbam sumere!"
„Sie ist noch nicht reif; eine saure will ich nicht haben!"

Relativsätze als Subjekt- bzw. Objektsätze

- Relativsätze können auch anstelle eines Subjekts oder Objekts in einem Satz stehen.

Qui, quae facere non possunt, verbis elevant, ascribere hoc debebunt exemplum sibi.
Wer, was er nicht zu tun vermag, mit Worten schlecht macht, muss sich dieses Beispiel hinter die Ohren schreiben.
Subjekt: Wer muss sich dieses Beispiel hinter die Ohren schreiben?
wer mit Worten schlecht macht *(qui verbis elevant)*
Akkusativobjekt: Wen oder was macht er mit Worten schlecht?
was er nicht zu tun vermag *(quae facere non possunt)*

Besonderheit: relativer Satzanschluss
Im Lateinischen kann ein Relativpronomen auch am Satzanfang eines Hauptsatzes stehen. Es bezieht sich dann auf etwas aus dem vorangehenden Satz. Im Deutschen wird dieses Relativpronomen mit einer Form von „dieser, diese, dieses" übersetzt.

23 Wunsch- und Vorstellungssätze (Konjunktiv im Hauptsatz)

Erfüllbare Wunschsätze (Optativ)

- Erfüllbare Wünsche sind Wünsche, von denen der Sprechende glaubt, dass sie grundsätzlich erfüllt werden können.
  - Erfüllbare Wünsche der **Gegenwart** stehen im **Konjunktiv Präsens**.
  - Erfüllbare Wünsche der **Vergangenheit** stehen im **Konjunktiv Perfekt**.
- Sie werden in der Regel mit *utinam* (hoffentlich, wenn doch) eingeleitet, verneint werden sie mit *ne*.

Utinam donum tibi placeat!
Hoffentlich gefällt dir mein Geschenk!/
Möge dir mein Geschenk gefallen!
Utinam donum tibi placuerit!
Hoffentlich hat dir mein Geschenk gefallen!/
Möge dir mein Geschenk gefallen haben!

Übersetzungstipp
Wenn man in den unerfüllbaren Wunschsätzen für *utinam* „hoffentlich" einsetzt, kann man den Konjunktiv unübersetzt lassen.

Unerfüllbare Wunschsätze (Optativ)

- Unerfüllbare Wünsche sind Wünsche, von denen der Sprechende glaubt, dass sie nicht erfüllt werden können.
  - Unerfüllbare Wünsche der **Gegenwart** stehen im **Konjunktiv Imperfekt**.
  - Unerfüllbare Wünsche der **Vergangenheit** stehen im **Konjunktiv Plusquamperfekt**.
- Sie werden mit *utinam* (wenn doch) eingeleitet, verneint werden sie mit *ne*.

Utinam volare possem!
Wenn ich doch fliegen könnte!

Erfüllbare / mögliche Vorstellungssätze (Potentialis)

- Mögliche oder erfüllbare Vorstellungssätze schwächen Aussagen ab, indem sie sie als lediglich möglich darstellen. Sie stehen im **Konjunktiv Präsens** oder im **Konjunktiv Perfekt** und werden mit *non* verneint. Im Deutschen werden sie übersetzt, indem im Satz „könnte" oder „dürfte" eingefügt wird.

Vos mentiri existimem./Vos mentiri existimaverim.
Ich könnte glauben, dass ihr lügt.
Vos scelus commisisse dicas./Vos scelus commisisse dixeris.
Man könnte sagen, dass ihr ein Verbrechen begangen habt.

Unerfüllbare / unmögliche Vorstellungssätze (Irrealis)

- Unerfüllbare bzw. unmögliche Vorstellungssätze enthalten Aussagen, deren Eintreffen der Sprecher für unmöglich hält.
  - Unerfüllbare Vorstellungssätze der **Gegenwart** stehen im **Konjunktiv Imperfekt**.
  - Unerfüllbare Vorstellungsätze der **Vergangenheit** stehen im **Konjunktiv Plusquamperfekt**.
- Sie werden mit *non* verneint.

Camelo deserta celerius relinquere possem.
Mit einem Kamel könnte ich die Wüste schneller verlassen.
Cum duce non erravissem.
Mit einem Führer hätte ich mich nicht verirrt.

Übersetzungstipp
Um die unterschiedlichen Konjunktive unterscheiden zu können, hilft auch ein Blick auf die Satzzeichen am Satzende.
Vorstellungssätze (Potentialis und Irrealis) stehen in der Regel in einem Aussagesatz. Sie enden also mit einem Punkt.
Wunsch- und Aufforderungssätze enden dagegen meist mit einem Ausrufezeichen.
Eine Übersicht über alle Konjunktive im Hauptsatz findest du auf Seite 24.

24 Aufforderungssätze

Befehle und Aufforderungen

- **Direkte Befehle** an die 2. Person werden im Lateinischen wie im Deutschen mit der **Befehlsform (Imperativ)** gebildet.

- *Principiis obsta!* ...... Wehre den Anfängen!
  Cave, ne quid temere agas! ...... Pass auf, damit du nicht überstürzt handelst!

- **Aufforderungen** und **höflich formulierte Befehle** werden im Lateinischen mit dem **Konjunktiv Präsens** gebildet.

- *Sint ut sunt, aut non sint!* ...... Sie seien, wie sie sind, oder sie seien (gar) nicht!
  Se quisque noscat! ...... Sich selbst lerne ein jeder kennen!

- Steht das Prädikat in der **1. Person Plural des Konjunktiv Präsens**, so wird die Aufforderung mit „lasst uns" + das Verb im Infinitiv übersetzt. Diese Sätze werden verneint, indem man ein *ne* einfügt.

- *Etiam in rebus prosperis superbiam fugiamus!* ...... Lasst uns auch in guten Zeiten den Hochmut meiden!
  Gaudeamus igitur, iuvenes dum sumus! ...... Lasst uns daher froh sein, solange wir (noch) jung sind!
  Eamus quo fortuna nos vocat! ...... Lasst uns (dahin) gehen, wohin das Schicksal uns ruft!

Verbote

- Für **höflich ausgedrückte Verbote** an die 2. Person setzt man im Lateinischen
  im Singular ***noli* + das Verb im Infinitiv**,
  im Plural ***nolite* + das Verb im Infinitiv**.
- **Direkte Verbote** an die 2. Person werden im Lateinischen durch ***ne*** + die **2. Person Konjunktiv Perfekt** gebildet.

- *Noli equi dentes inspicere donati.* ...... Schau einem geschenkten Gaul nicht ins Maul!
  Noli vinci a malo, sed vince in bono mala! ...... Lass dich nicht vom Bösen besiegen, sondern überwinde das Schlechte durch das Gute!

- *Officium ne collocaveris!* ...... Dränge (keinem) deine Hilfe auf!
  Ne id non pudeat sentire, quod pudeat dicere! ...... Was man sich schämt zu sagen, soll man sich auch schämen zu denken!

Fachbegriffe der verschiedenen Konjunktive:
- Höfliche Befehle im Konjunktiv heißen ***Iussiv***, der Name leitet sich von dem Verb *iubere, iubeo, iussi, iussum* (befehlen) ab.
- Aufforderungen in der 1. Person Plural heißen ***Hortativ***, der Name leitet sich von dem Verb *hortari, hortor, hortatus sum* (ermuntern, auffordern) ab.
- Verbote im Konjunktiv heißen ***Prohibitiv***, der Name leitet sich von dem Verb *prohibere, prohibeo, prohibui, prohibitum* (abhalten, verbieten) ab.

Übersicht über die Konjunktive im Hauptsatz

Präsens	Imperfekt	Perfekt	Plusquamperfekt
erfüllbare Wunschsätze (Optativ)	unerfüllbare Wunschsätze (Optativ)	erfüllbare Wunschsätze (Optativ)	unerfüllbare Wunschsätze (Optativ)
erfüllbare Vorstellungssätze (Potentialis)	unerfüllbare Vorstellungssätze (Irrealis)	erfüllbare Vorstellungssätze (Potentialis)	unerfüllbare Vorstellungssätze (Irrealis)
Hortativ (1. Pers. Pl.)			
Iussiv			
		Prohibitiv (*ne* + 2. Pers.)	

Weitere Sätze im Konjunktiv findest du auf Seite 26.

Botanischer Name:
Impatiens noli-me-tangere

25 *ut*-Sätze – Finalsätze, Konsekutivsätze und Begehrsätze

ut-Sätze

- *ut*-Sätze sind Nebensätze. Sie stehen im Lateinischen fast ausnahmslos im Konjunktiv.
- Steht der Hauptsatz im **Präsens, Futur I oder Futur II** wird für die **Gleichzeitigkeit Konjunktiv Präsens** für die **Vorzeitigkeit Konjunktiv Perfekt** gesetzt.
- Steht der Haupsatz im **Imperfekt, Perfekt oder Plusquamperfekt** wird für die **Gleichzeitigkeit Konjunktiv Imperfekt** für die **Vorzeitigkeit Konjunktiv Plusquamperfekt** gesetzt.

„Das" oder „dass"?
Im Deutschen stellt sich häufig die Frage, ob das(s) mit einem oder mit zwei „s" geschrieben werden soll. Bei dem lateinischen ***ut*** handelt es sich immer um die deutsche Konjunktion ***dass***.

Finalsätze

(von *finis, -is* m: Ende, Grenze, Ziel)

- Finalsätze geben den Zweck bzw. das Ziel von etwas an und werden mit ***ut*** eingeleitet. Im Deutschen werden sie mit einem **damit-Satz** oder mit **um ... zu + Infinitiv** übersetzt.
- Finalsätze werden verneint, indem man statt des *ut* ein ***ne*** setzt; dementsprechend wird der Satz mit **damit nicht** oder **um nicht ... zu + Infinitiv** übersetzt.

Cavete Piratas! **– Achtung Piraten!**
Piratae naves interceperunt, ut nautas ut servos venderent.
Die Piraten kaperten Schiffe, um die Seeleute als Sklaven zu verkaufen.
Piratae naves celeres levesque aedificaverunt, ne assequerentur.
Die Piraten bauten schnelle und leichte Schiffe, damit sie nicht eingeholt wurden.

Konsekutivsätze

(von *consequi, consequor, consecutus sum:* folgen)

- Konsekutivsätze geben die Folge von etwas an. Sie werden mit ***ut*** eingeleitet, das im Deutschen mit **(so)dass** übersetzt wird.
- Häufig gibt es ein Signalwort wie ***ita*** (so), ***tantus, -a, -um*** (so groß), ***adeo*** (so sehr) im übergeordneten Hauptsatz.
- Konsekutivsätze werden verneint, indem ein ***non*** ergänzt wird; ***ut non*** wird mit **(so)dass nicht** übersetzt.

Nonnulli nautae piratas adeo timuerunt, ut mori quam capi mallent.
Einige Seeleute fürchteten die Piraten so sehr, dass sie lieber sterben als gefangen genommen werden wollten.
Piratae tanta celeritate appropinquaverunt, ut nautae navibus fugere non possent.
Die Piraten näherten sich mit so großer Schnelligkeit, dass die Seeleute mit ihren Schiffen nicht entfliehen konnten.

Begehrsätze (finale Objekt- oder Subjektsätze)

- Begehrsätze geben an, was der Sprecher erreichen möchte.
- Sie hängen von Verben ab, die einen Wunsch, eine Aufforderung oder ein Verbot ausdrücken *(verba postulandi et curandi)*.
- Sie werden mit ***ut*** eingeleitet. Im Deutschen werden sie mit einem **dass-Satz** oder **zu + Infinitiv** übersetzt.

Beispiele für verba *postulandi et curandi:*

postulare (fordern)	*monere* (ermahnen)	*imperare* (befehlen)
optare (wünschen)	*contendere* (sich bemühen)	*curare* (Sorge tragen)
operam dare (sich Mühe geben)	*adducere* (veranlassen)	*facere* (bewirken)
petere (bitten)		

Achtung!
Nach den Verben des Fürchtens und Hinderns *(verba timendi et impediendi)* wird *ne* mit „dass" oder „zu + Infinitv" übersetzt.

timere, ne (sich fürchten, dass)	*metuere, ne* (sich fürchten, dass)
recusare, ne (sich weigern, etw. zu tun)	*obstare, ne* (im Wege stehen, dass)
impedire, ne (hindern, etw. zu tun)	*prohibere, ne* (abhalten, etw. zu tun)

Pompeius autem piratas ***impedivit, ne*** *commercium Romanorum protinus periculo obicerent.*
Pompeius aber hielt die Piraten davon ab, den Handel der Römer weiterhin zu gefährden.
Piratae a Pompeio capti ***timuerunt, ne*** *cruci affigerentur.*
Die von Pompeius gefangenen Piraten befürchteten, dass sie ans Kreuz geschlagen wurden/ans Kreuz geschlagen zu werden.

26 *si*-Sätze – Konditionalsätze

si-Sätze

- ***Si*** bedeutet **wenn, falls** und leitet einen Nebensatz ein, in dem eine Bedingung formuliert wird, unter der das Geschehen im Hauptsatz eintritt. Deshalb heißt der mit ***si*** eingeleitete Nebensatz Bedingungssatz, der dazugehörige Hauptsatz Folgesatz.
- *Si*-Sätze werden mit ***nisi*** oder ***si non*** (wenn nicht, falls nicht) verneint.

> **Merke**
> Nach den Wörtern *si* und *nisi* fällt bei Wörtern, die eigentlich mit *ali-* beginnen, die Vorsilbe *ali-* weg. (Beispiel: „Wenn irgendwer" … heißt *Si quis* … statt *Si aliquis* …)

Wenn es regnet, spanne ich meinen Regenschirm ganz schnell auf.

Bedingung (Wenn es regnet) – Folge beim Eintreten der Bedingung (spanne ich meinen Regenschirm ganz schnell auf)

Das „wenn, falls" *(si)* der Bedingungssätze muss immer von dem „(dann), wenn" *(cum)* der Temporalsätze unterschieden werden.

Beispiel für einen Temporalsatz:
Wenn ich gegessen habe, packe ich meinen Regenschirm ein.

Indefinitivus

- Beim Indefinitivus lässt der Sprecher offen, ob der Inhalt des Bedingungssatzes der Wirklichkeit entspricht oder nicht. Beim Indefinitivus stehen der Bedingungs- und der Folgesatz im **Indikativ**.

Si mihi credidisti, recte egisti.
Wenn du mir geglaubt hast (und es bleibt offen, ob du das getan hast), hast du richtig gehandelt.
Lucio, si videris, salutem dices.
Du wirst Lucius, wenn du ihn siehst (und es bleibt offen, ob du ihn siehst), grüßen.

Potentialis

- Beim Potentialis drückt der Sprecher aus, dass er den Inhalt des Bedingungssatzes für möglich hält. Beim Potentialis der Gegenwart stehen der Bedingungs- und der Folgesatz im **Konjunktiv Präsens oder Perfekt**.

Si nos magni aestimes, hoc non obliviscas.
Wenn du uns hoch schätzen solltest (und ich gehe davon aus, dass du das tust), dürftest du dies nicht vergessen.

Irrealis

- Beim Irrealis drückt der Sprecher aus, dass der Inhalt des Bedingungssatzes nicht der Wirklichkeit entspricht. Beim Irrealis der Gegenwart stehen der Bedingungs- und der Folgesatz im **Konjunktiv Imperfekt**, beim Irrealis der Vergangenheit stehen sie im **Konjunktiv Plusquamperfekt.**

Si tacuisses, philosophus mansisses.
Wenn du geschwiegen hättest (hast du aber nicht), wärest du ein Philosoph geblieben.
– Dieser Spruch bedeutet, dass es manchmal klüger ist, zu schweigen, weil einem dann unterstellt werden kann, durchaus klug (wie ein Philosoph) zu sein, als durch das Aussprechen von Unbedachtem wie ein Dummkopf auszusehen.

Übersicht über die *si*-Sätze

	Präsens	Imperfekt	Futur I	Perfekt	Plusquamperfekt	Futur II
Indikativ	*Indefinitivus*	*Indefinitivus*	*Indefinitivus*	*Indefinitivus*	*Indefinitivus*	*Indefinitivus*
Konjunktiv	*Potentialis* der Gegenwart			*Potentialis* der Gegenwart		
		Irrealis der Gegenwart			*Irrealis* der Vergangenheit	

27 Der *AcI* (*Accusativus cum Infinitivo*)

Übersetzung des *AcI*

- Wie der Name schon sagt, ist der ***AcI*** eine Konstruktion, **die mindestens aus einem Akkusativ und einem Infinitiv besteht**.
- Der *AcI* kann im Deutschen immer mit einem dass-Satz übersetzt werden.
  Dabei wird der Akkusativ in das Subjekt und der Inifinitiv in das Prädikat des deutschen dass-Satzes umgewandelt.
- Stehen zwischen dem Akkusativ und dem Infinitiv weitere Wörter, so gehören diese in der Regel zum *AcI*; sie müssen also auch im Deutschen im dass-Satz stehen.

Rana bovem in prato stare vidit.
bovem → Akkusativ; stare → Infinitiv

Ein Frosch sah, dass ein Rind auf der Wiese stand
ein Rind → Subjekt; stand → Prädikat

Der AcI ist eine **satzwertige Konstruktion**. Das heißt, er ist im Lateinischen kein eigenständiger Satz, wird aber im Deutschen mit einem Satz übersetzt.

AcI-Auslöser

Der *AcI* steht **nur** nach bestimmten Verben, die sich in folgende Klassen aufteilen lassen:

- Verben des Sagens und Meinens,
- Verben der Wahrnehmung (alles, was wir durch unsere sieben Sinne wahrnehmen),
- Verben des Gefühls,
- sowie nach einigen feststehenden unpersönlichen Ausdrücken wie
  constat (es ist bekannt), *manifestum est* (es ist offenbar), *opinio est* (es herrscht die Meinung).

Sagen und Meinen	Wahrnehmen	Gefühl
dicere (sagen)	*audire* (hören)	*gaudere* (sich freuen)
putare (meinen)	*videre* (sehen)	*dolere* (bedauern)
clamare (rufen)	*animadvertere* (bemerken)	*laetari* (sich freuen)
docere (lehren)	*sentire* (fühlen)	*queri* (sich beklagen)
nuntiare (melden)		*aegre ferre* (sich ärgern)

Die Zeitengebung im *AcI*

- **Gleichzeitigkeit:** Spielt sich das Geschehen im *AcI* gleichzeitig mit dem des übergeordneten Verbes ab, dann steht im *AcI* der **Infinitiv Präsens**.
- **Vorzeitigkeit:** Hat das Geschehen im *AcI* bereits vor dem Geschehen des übergeordneten Verbes stattgefunden, dann steht im *AcI* der **Infinitiv Perfekt**.
- **Nachzeitigkeit:** Wird das Geschehen im *AcI* erst nach dem Geschehen des übergeordneten Verbes stattfinden, dann steht im *AcI* der **Infinitiv Futur**.

De rana et bove **(nach Phaedrus)**
Gleichzeitig: *Rana se tam magnam quam bovem esse putat.*
Ein Frosch glaubt, dass er so groß wie ein Rind sei.
Aliae ranae eam se inflare vident.
Die anderen Frösche sehen, dass er sich aufbläst.
Eam dissilire audiunt.
Sie hören, dass er platzt.
Vorzeitig: *Ranam superbam stultamque fuisse putant.*
Sie denken, dass der Frosch eingebildet und dumm gewesen ist.
Nachzeitig: *Se prudentiores futuras esse (= fore) putant.*
Sie denken, dass sie klüger sein werden.

Übersicht über die Infinitive

	a-Konjugation	e-Konjugation	kons. Konjugation	gem. Konjugation	i-Konjugation
Präsens Aktiv	*laudare*	*delere*	*petere*	*capere*	*audire*
Präsens Passiv	*laudari*	*deleri*	*peti*	*capi*	*audiri*
Perfekt Aktiv	*laudavisse*	*delevisse*	*petivisse*	*cepisse*	*audivisse*
Perfekt Passiv	*laudatum esse*	*deletum esse*	*petitum esse*	*captum esse*	*auditum esse*
Futur Aktiv	*laudaturus, -a, -um esse*	*deleturus, -a, -um esse*	*petiturus, -a, -um esse*	*capturus, -a, -um esse*	*auditurus, -a, -um esse*
Futur Passiv	*laudatum iri*	*deletum iri*	*petitum iri*	*captum iri*	*auditum iri*

28 Der *NcI* (Nominativus cum Infinitivo)

Konstruktion des *NcI*

- Wenn bestimmte Verben, die im Aktiv einen *AcI* bedingen, ins Passiv gesetzt werden, so wird der Akkusativ durch einen Nominativ ersetzt.
- Das passivische Prädikat wird an den Nominativ angeglichen.

AcI: Sie glauben, dass der Frosch hochmütig und dumm gewesen ist.
Ranam superbam stultamque fuisse putant.

NcI: *Rana superba stultaque fuisse putatur.*
Der Frosch soll hochmütig und dumm gewesen sein.

Übersetzung des *NcI*

Der *NcI* kann übersetzt werden, indem man

a) das Prädikat des lateinischen Satzes unübersetzt lässt und stattdessen **soll** bzw. **sollen** als Prädikat einsetzt;
b) das Prädikat in der 3. Pers. Sg. übersetzt und den *NcI* wie einen *AcI* mit einem dass-Satz übersetzt;
c) das Prädikat im Aktiv und mit einem unpersönlichen **man** übersetzt. Der *NcI* wird dann wiederum wie ein *AcI* mit einem dass-Satz übersetzt.

Bei den letzten beiden Übersetzungsarten ist es möglich, den lateinischen Nominativ in den deutschen Hauptsatz zu ziehen. Im dass-Satz wird in einem solchen Fall das entsprechende Personalpronomen verwendet.

Diogenes in dolio habitavisse traditur.

a) Diogenes soll in einer Tonne gewohnt haben.
b) Es wird überliefert, dass Diogenes in einer Tonne gelebt hat./Es wird **von Diogenes** überliefert, dass **er** in einer Tonne gelebt hat.
c) Man überliefert, dass Diogenes in einer Tonne gelebt hat./Man überliefert **von Diogenes**, dass **er** in einer Tonne gelebt hat.

NcI-Auslöser

- Der *NcI* kann bei einigen **Verben des Sagens und Meinens** stehen, ***ferre*** und ***tradere*** kommen dabei nur in der 3. Person vor.

dicor (man sagt, dass ich …)
existimor (man glaubt, dass ich …)
putor (man glaubt, dass ich …)
nuntior (man meldet, dass ich …)
vetor (man verbietet (mir), dass ich …)
iubeor (man befiehlt (mir), dass ich …)
traditur/traduntur (man überliefert)
fertur/feruntur (man berichtet)

Zeitengebung im *NcI*

- Im *NcI* gilt dieselbe Zeitenfolge wie im *AcI*:

Gleichzeitgkeit	Vorzeitigkeit	Nachzeitigkeit
Infinitiv Präsens	Infinitiv Perfekt	Infinitiv Futur

- Der *NcI* ist ebenso wir der *AcI* eine satzwertige Konstruktion. Das heißt, er ist im Lateinischen kein eigenständiger Satz, kann aber im Deutschen mit einem Satz übersetzt werden.

Alexander der Große soll Diogenes einmal gefragt haben, was dieser sich wünsche.

Vorzeitig: *Diogenes **respondisse** fertur:*
Diogenes soll **geantwortet haben**:
Gleichzeitig: *Diogenes **respondere** fertur:*
Diogenes soll **antworten**:

29 Das *Participium coniunctum* (PC)

Konstruktion des *PC*

- Das *Participium coniunctum* besteht aus einem Nomen und einem KNG-kongruenten Partizip. Steht das Partizip im Nominativ, kann es auch mit der Personalendung des Prädikats verbunden sein. Alle Wörter, die zwischen dem Nomen und seinem Partizip stehen, gehören mit zur Partizipialkonstruktion.
- Im Deutschen wird das *PC* meist mit einem Nebensatz übersetzt. Dann wird das Partizip zum Prädikat des Satzes. Das PPP (Partizip Perfekt Passiv) drückt dabei die Vorzeitigkeit des Geschehens im Passiv, das PPA (Partizip Präsens Aktiv) die Gleichzeitigkeit des Geschehens im Aktiv aus. Als Subjekt des Satzes setzt man das zum KNG-kongruenten Nomen passende Personalpronomen (z. B.: *Caesar* → *er*) ein.

Die Stadt Pompeji wurde 79 n. Chr. durch den Ausbruch des Vulkans Vesuv restlos verschüttet. Etwa 2000 Menschen kamen bei dieser Naturkatastrophe ums Leben.

Das *PC* mit dem PPA:

Pompeiani terra movente excitantur.

Die Pompejaner werden von der Erde geweckt, weil sie sich bewegt.

Pompeiani terra movente excitati sunt.

Die Pompejaner wurden von der Erde geweckt, weil sie sich bewegte.

Das *PC* mit dem PPP:

Pompeiani tremore terrae excitati ad litus currunt.

Die Pompejaner rennen zur Küste, weil sie vom Beben der Erde aufgeschreckt worden sind.

Pompeiani tremore terrae excitati ad litus cucurrerunt.

Die Pompejaner rannten zur Küste, weil sie vom Beben der Erde aufgeschreckt worden waren.

Mögliche Sinnrichtungen des *PC*

- Wird das *PC* mit einem Nebensatz übersetzt, so muss dieser mit einer passenden Konjunktion eingeleitet werden.
  Folgende Konjunktionen sind möglich:
- als, nachdem (PPP), während (PPA) → temporale Konjunktionen,
- weil, da → kausale Konjunktionen,
- wobei, indem → modale Konjunktionen,
- wenn, falls → konditionale Konjunktionen,
- obwohl, obschon → konzessive Konjunktionen.
- Welche Konjunktionen für den zu übersetzenden Satz ausgewählt werden können, muss aus dem **Textzusammenhang** erschlossen werden.

Der Textzusammenhang bestimmt die richtige Übersetzung:

Multi Pompeiani in domibus corruentibus manserunt.
Viele Pompejaner blieben in ihren Häusern, **obwohl** sie einstürzten.

Multi Pompeiani in *domibus corruentibus mortem obierunt.*
Viele Pompejaner starben in ihren Häusern, **weil** sie einstürzten.

Multi Pompeiani in domibus corruentibus dormiverunt.
Viele Pompejaner schliefen in ihren Häusern, **als / obwohl** sie einstürzten.

Deklination des PPA (Partizip Präsens Aktiv)

	Singular m./f.	n.	Plural m./f.	n.
Nominativ	*videns*		*videntes*	*videntia*
Genitiv	*videntis*		*videntium*	
Dativ	*videnti*		*videntibus*	
Akkusativ	*videntem*	*videns*	*videntes*	*videntia*
Ablativ	*vidente*		*videntibus*	

Deklination des PPP (Partizip Präsens Passiv)

	Singular			Plural		
	m.	f.	n.	m.	f.	n.
Nominativ	*raptus*	*rapta*	*raptum*	*rapti*	*raptae*	*rapta*
Genitiv	*rapti*	*raptae*	*rapti*	*raptorum*	*raptarum*	*raptorum*
Dativ	*rapto*	*raptae*	*rapto*	*raptis*	*raptis*	*raptis*
Akkusativ	*raptum*	*raptam*	*raptum*	*raptos*	*raptas*	*rapta*
Ablativ	*rapto*	*rapta*	*rapto*	*raptis*	*raptis*	*raptis*

30 Der *Ablativus absolutus (Abl. abs.)*

Konstruktion und Übersetzung des *Ablativus absolutus*

- Der *Ablativus absolutus* besteht aus einem **Nomen im Ablativ** und einem **KNG-kongruenten Partizip**. Das PPP (Partizip Perfekt Passiv) drückt dabei die Vorzeitigkeit im Passiv, das PPA (Partizip Präsens Aktiv) die Gleichzeitigkeit des Geschehens im Aktiv aus.
- Alle Wörter, die zwischen dem Nomen im Ablativ und dem Partizip im Ablativ stehen, gehören mit zum *Ablativus absolutus*. Im Deutschen kann der *Ablativus absolutus* mit einem Nebensatz (Unterordnung) oder mit einem Hauptsatz (Beiordnung) übersetzt werden. Dabei wird das Nomen im Ablativ zum Subjekt des Satzes, das KNG-kongruente Partizip zum Prädikat des Satzes. Der *Ablativus absolutus* ist also eine satzwertige Konstruktion. Im Satzgefüge erfüllt er die Aufgabe einer Umstandsergänzung (Adverbiale). Die Sinnrichtung des *Ablativus absolutus* muss aus dem übrigen Textzusammenhang erschlossen werden.

Übersicht über die Ablativendungen

	Sg.	Pl.
o-Dekl.	*-o*	*-is*
a-Dekl.	*-a*	*-is*
e-Dekl.	*-e*	*-ebus*
u-Dekl.	*-u*	*-ibus*
3. Dekl.	*-e*	*-ibus*

Umwandlung des PPP ins Aktiv

Wenn derjenige, der die Handlung des *Ablativus absolutus* ausführt, auch das Subjekt des Satzes ist, so kann der *Ablativus absolutus* im Deutschen im Aktiv übersetzt werden.

Germani armis abiectis ad Caesarem pervenerunt.

Nachdem die Waffen niedergelegt worden waren, kamen die Germanen zu Cäsar.

Nachdem die Germanen die Waffen niedergelegt hatten, kamen sie zu Cäsar.

Übersicht über die möglichen Sinnrichtungen

- **Unterordnung**

temporal (das Zeitverhältnis betreffend)	als, nachdem (PPP), während (PPA)
kausal (den Grund/die Ursache betreffend)	weil, da
modal (die Art und Weise betreffend)	wobei, indem
konditional (die Bedingung betreffend)	wenn, falls
konzessiv (den Gegengrund betreffend)	obwohl, obschon

- **Beiordnung**

temporal (das Zeitverhältnis betreffend)	(und) dann, (und) danach (PPP), (und) währenddessen, (und) dabei (PPA)
kausal (den Grund/die Ursache betreffend)	(und) deswegen, (und) darum
modal (die Art und Weise betreffend)	(und) dabei, (und) so, (und) dadurch
konditional (die Bedingung betreffend)	(und) in dem Fall, (und) unter dieser Bedingung
konzessiv (den Gegengrund betreffend)	(und) trotzdem

Übersetzung mit einem Präpositionalausdruck

Man kann den *Ablativus absolutus* auch mit einem Präpositionalausdruck übersetzen. Dann wird das Partizip zu einem Substantiv umgewandelt:

Hostibus accedentibus surrexi. – Wegen des Näherns der Feinde bin ich aufgestanden.

Ein *Ablativus absolutus* – viele Sinnrichtungen

temporal	***Hostibus accedentibus*** *domo dormivi.*
Unterordnung	Als sich die Feinde näherten, habe ich zu Hause geschlafen.
Beiordnung	Die Feinde näherten sich, währenddessen habe ich zu Hause geschlafen.
modal	***Hostibus accedentibus*** *cives excitati sunt.*
Unterordnung	Indem sich die Feinde näherten, sind die Bürger aufgeweckt worden.
Beiordnung	Die Feinde näherten sich und so sind die Bürger aufgeweckt worden.
kausal	***Hostibus accedentibus*** *surrexi et ad moenia properavi.*
Unterordnung	Weil sich die Feinde näherten, bin ich aufgestanden und zur Stadtmauer geeilt.
Beiordnung	Die Feinde näherten sich und deswegen bin ich aufgestanden und zur Stadtmauer geeilt.
konzessiv	***Hostibus accedentibus*** *uxor miris modis domo dormivit.*
Unterordnung	Obwohl sich die Feinde näherten, hat meine Frau zu Hause seltsamerweise geschlafen.
Beiordnung	Die Feinde näherten sich und trotzdem hat meine Frau zu Hause seltsamerweise geschlafen.

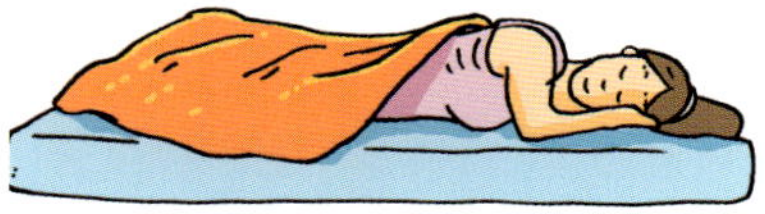

Nominaler *Ablativus absolutus*

- Manchmal steht statt des Partizips ein Nomen oder ein Adjektiv im Ablativ. Das Partizip fehlt, weil es kein Partizip von ***esse*** gibt. Diese Formen des *Ablativus absolutus* sind immer gleichzeitig und in der Regel am leichtesten mit einem Präpositionalausdruck zu übersetzen.

marito invito (gegen den Willen des Ehemannes)
Caesare duce (unter der Führung Cäsars)
Pompeio auctore (auf Veranlassung von Pompeius)

31 Die *nd*-Formen: Das Gerundium

Formenbildung

- Das **Gerundium** wird gebildet aus dem **Wortstamm eines Verbs + *nd* + den Endungen der o-Deklination im Singular**.
  laudare → lauda-nd-um
- Bei den Verben der i-Konjugation, der gemischten Konjugation und der konsonantischen Konjugation wird zwischen dem Wortstamm und *-nd* noch ein ***e*** eingefügt.
  *audire → audi**e**ndum, capere → capi**e**ndum, agere → ag**e**ndum*

Nominativ	*(currere)*	(das Laufen)
Genitiv	*currendi*	des Laufens
Dativ	*currendo*	dem Laufen
Akkusativ	*ad currendum*	zum Laufen
Ablativ	*currendo* *in currendo*	durch das Laufen beim Laufen

Verwendung und Übersetzung:

- Lateinische Verben lassen sich **nominalisieren**. Im Nominativ wird dafür genauso wie im Deutschen der Infinitiv verwendet (laufen → das Laufen). **Mit den Gerundiumformen lassen sich die restlichen Kasus des nominalisierten Verbs bilden**.
  Obwohl es sich um nominalisierte Formen handelt, behalten die Gerundiumformen zwei Eigenschaften eines Verbs bei:
  - Das Gerundium kann ein **Adverb** zu sich nehmen.
    Bei der Übersetzung ins Deutsche wird dieses Adverb wie ein Adjektiv übersetzt.
  - Das Gerundium kann ein **Objekt** zu sich nehmen.
    Bei der Übersetzung ins Deutsche kann man das Objekt entweder als Genitivattribut an das Gerundium anhängen oder das Objekt und das Gerundium zu einem Wort zusammenziehen.

Gerundium mit Adverb:
*Claudia maritum **pulchre cantando** delectat.*
Claudia erfreut ihren Ehemann **mit lieblichem Singen / mit lieblichem Gesang**.

Gerundium mit Objekt:
*Claudia maritum **tibiam canendo** delectat.*
Claudia erfreut ihren Ehemann **mit dem Spielen der Flöte / mit ihrem Flötespielen**.

Übersicht über die möglichen Ergänzungen der *nd*-Formen

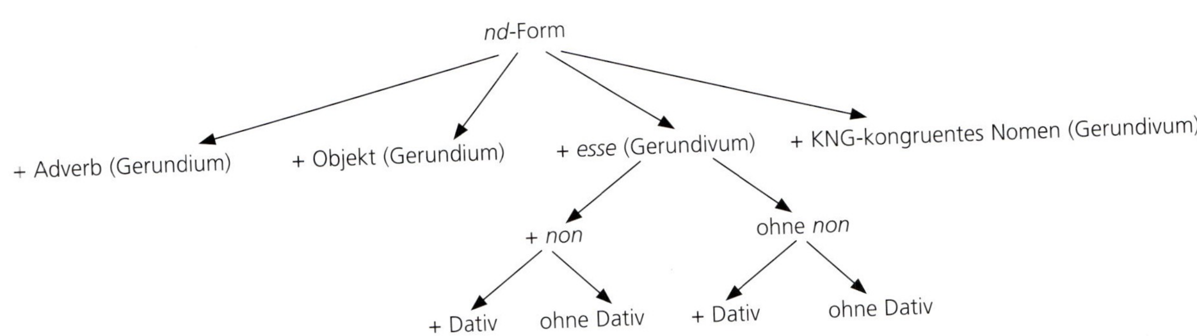

Die *nd*-Formen: Das Gerundivum

Formenbildung

- Die Formen des **Gerundivums** werden genauso gebildet wie die Formen des **Gerundiums** (siehe Seite 31). Abweichend vom Gerundium lassen sich vom Gerundivum aber alle Fälle bilden. Dafür werden die Endungen der o-/a-Deklination im Singular und im Plural angehängt.
- Da sich Gerundium und Gerundivum in Form und Funktion so ähnlich sind, spricht man auch verallgemeinernd von den ***nd*-Formen**.

Merkhilfe:
Gerundium und Gerundivum haben nicht nur gleiche Formen, sondern auch zum Verwechseln ähnliche Namen. Als Eselsbrücke kann man sich merken, dass das auf **-v** endende Verbaladjektiv auch ein **v** im Fachbegriff hat: Gerundi**v**um

Verwendung und Übersetzung

- Bei dem Gerundivum handelt es sich um ein **Verbaladjektiv**, das heißt, dass die Formen zwar von einem Verb gebildet werden, aber Eigenschaften eines Adjektivs aufweisen. So stehen sie wie ein Adjektiv in KNG-Kongruenz zu einem Nomen. Im Nominativ kann das Gerundivum oft mit einem Adjektiv mit der Endung **-wert** oder **-lich** übersetzt werden.
- In den übrigen Kasus kann das Gerundivum wie das Gerundium übersetzt werden. Das Gerundivum wird also
  - entweder zu einer nominalisierten Verbform, an die das KNG-kongruente Nomen im Genitiv angehängt wird,
  - oder mit seinem Bezugswort zu einem Nomen zusammengezogen.

Das Gerundivum im Nominativ:

*discipul**us** laudand**us*** ... ein lobenswerter Schüler
*lib**er** legend**us*** ... ein lesenswertes Buch

Das Gerundivum in den übrigen Fällen:

*bell**o** gerend**o*** ... durch das Führen eines Krieges/durch das Kriegführen
*in libr**is** legend**is*** ... beim Lesen der Bücher/beim Bücherlesen
*cupidus lingu**ae** Latin**ae** discend**ae*** ... begierig auf das Lernen der lateinischen Sprache/begierig auf das Lateinlernen

Gerundivum mit *esse*

- Steht das Gerundivum mit einer Form von *esse*, so muss *esse* mit **müssen** übersetzt werden. Das Gerundivum kann dann auf zwei Arten übersetzt werden:
  - Das Gerundivum wird als Infinitiv im Passiv übersetzt.
  - Das Gerundivum wird mit dem Infinitiv Aktiv übersetzt. Als Subjekt des Satzes wird dann **man** eingefügt. Das lateinische Subjekt wird dann zum Objekt.
- Wird der Satz durch *non* verneint, so wird *non esse* mit **nicht dürfen** übersetzt.

- Beim Gerundivum mit *esse* kann auch ein Dativ stehen, dieser Dativ gibt an, wer die handelnde Person in dem Satz ist. Den Dativ kann man auf zwei Weisen übersetzen:
  - Vor dem Dativ wird die Präposition **von** eingefügt.
  - Statt **man** einzufügen, wird der lateinische Dativ zum Subjekt des Satzes.

Fachbegriff
Der Fachbegriff für diesen Dativ lautet: *Dativus auctoris*. Dieser Name kommt vom lateinischen ***auctor, auctoris*** m.: der Urheber, der Anstifter.

Gerundivum mit *esse*:
Seneca empfiehlt:
*Aequo animo **audienda sunt** imperitorum convicia.*
Die Vorwürfe von Unwissenden **müssen** mit Gleichmut **angehört werden**.
Die Vorwürfe von Unwissenden **muss man** mit Gleichmut **anhören**.

Gerundivum mit *esse* + Dativ:
Seneca könnte auch sagen:
*Aequo animo **tibi** audienda sunt imperitorum convicia.*
Die Vorwürfe von Unwissenden müssen **von dir** mit Gleichmut angehört werden.
Die Vorwürfe von Unwissenden musst **du** mit Gleichmut anhören.

Seneca (4 v. Chr. – 65 n. Chr.) römischer Philosoph und Lehrer des jungen Kaisers Nero

33 Stichwortverzeichnis